JN412255

독점은 사악한가

경쟁과 독점

자유시장에서 발생한 독점은 경쟁이 존재하나,
정부 간섭에 의한 독점은 경쟁이 없다.

이승모 저

유원북스

독점은 사악한가

—경쟁과 독점—

▶ 자유시장에서 발생한 독점은 소비자 선호를 충족시키지만, 정부 간섭에 의한 독점의 대다수는 소비자 선호를 침해한다.

▶ 자유시장에서 발생한 독점은 경쟁이 존재하나, 정부 간섭에 의한 독점은 경쟁이 없다.

▶ 자유시장에서 발생한 독점은 사악하지 않지만, 정부 간섭에 의한 독점의 대다수는 사악하다.

▶ 영세업체를 도태시키는 것은 대기업이 아니라 소비자이다.

▶ 노동조합의 임금교섭은 일부 노동자들의 소득수준을 높이기 위해 일자리를 파괴하거나 여타 노동자들의 임금수준을 열악하게 한다.

▶ 사유재산과 자유경쟁만이 기득권자를 보호하지 않고, 우리 인간들의 처지를 개선시킨다!

서　　문

우리들은 통념으로부터 벗어나기 매우 힘들다. 통념은 현실의 경험과 학자들의 논증으로 구축되기 때문이다. 통념을 벗어난 사고와 행동을 하면 무조건 비도덕적이거나 사악한 것으로 취급받는다. 특히 학문의 세계에서는 통념으로부터 벗어나는 사고를 하는 것은 더욱 힘들다. 대다수 학자들이 통념적 사고의 노예가 되어 있기 때문이다. 통념이 올바른지 아닌지를 탐구하기보다는 통념을 벗어나는 행동이 나타나면 무조건 통념에 부합하도록 규제하는 방식을 탐구하는 경향이 지배적이다. 하지만 통념이 언제나 옳은 것은 아니다. 기존의 통념이 그릇된 것으로 판명되는 것을 우리는 인류 역사를 통해 많이 경험하였다.

필자도 수십 년 동안 경제학을 탐구해 오면서 독점이 사악하다는 통념에 대해 한 번도 의심을 해 본 적이 없었다. 그런데 시장실패를 탐구하던 중 오스트리아학파의 학자인 라스바드(Rothbard)의 *Man, Economy, and State*『인간 · 경제 · 국가』

라는 책을 접하게 되었다. 나는 충격과 혼란에 빠져버렸다. 그 책 속에서 필자가 그 동안 한 번도 의심하지 않았던 그 통념이 산산이 부서지고 있었다. 시장에서 발생한 독점은 사악한 것이 아니었다. 오히려 그것은 선(善)이었다. 단지 국가의 간섭에 의한 독점만이 통념대로 사악한 것이었다. 필자도 처음에 라스바드의 논리에 의심을 품고 그 논리의 문제점을 찾는 데 초점을 두고 탐구했다. 하지만 관련된 서적과 논문을 통하여 문제점을 찾으려는 노력을 하는 과정에서 어느 순간 필자는 그의 논리를 우리나라에 널리 알리고 싶은 심정으로 변하게 되었다. 그의 논리가 우리 인간에게 또 다른 빛을 비추고 있었기 때문이다.

물론 그의 주요 저서인 *Man, Economy, and State*『인간 · 경제 · 국가』는 이미 번역본으로 우리나라에 출간되었다. 그 책은 독점뿐 아니라 경제원리 전반을 다루고 있다. 그는 현실의 인간행동에 입각하여 경제원리를 전개하면서 기존의 통념들에 대해 반박하고 있다. 필자는 그 중에서 우선 독점에 대한 그의 견해를 경제학도뿐만 아니라 일반대중에게 널리 알리고자 이 책을 집필하게 되었다. 이런 목적을 달성하기 위해 관련된 서적과 논문을 참고하여 경제학도뿐만 아니라 일반대중들도 쉽게 이해하도록 기술하려고 노력했다.

이런 논의를 통해 독점의 규제로 무엇을 포기하게 되는지를 우리 모두가 인식할 수 있으면 좋겠다는 것이 필자의 바람이다. 독점의 규제로 포기되는 것보다 얻는 것이 더 크다고 독자들이 생각한다면 독점을 규제해야 할 것이다. 그러나 독점의 규제로 포기되는 것이 분명히 있고 그 대가는 아주 크다. 독점은 사악한 것이 아니다. 물론 국가 간섭으로 형성된 독점의 대다수는 사악하다.

이 책이 출간되기까지 많은 분들의 지원과 격려를 잊을 수 없다. 먼저, 평소 학문상의 충고를 아끼지 않으면서 오스트리아학파의 경제학, 특히 라스바드의 논리를 필자에게 접하게 해 주셨고, 체계의 구성과 내용을 검토하고 수정에 도움을 주신 대구대학교 무역학과 전용덕 교수님께 감사드린다. 세미나를 통해 내용과 자구 수정에 도움을 주신 영남대학교 경제금융학부의 박지웅 연구교수님을 비롯한 박영태, 김현우, 김영우, 이승은 선생님들에게 감사드린다. 세미나의 활성화를 위해 경비를 지원해 주신 영남대학교 비정규교수 노조분회에도 감사드린다. 그리고 이 책이 세상에 빛을 보도록 물심양면으로 지원을 아끼지 않으신 유원북스의 이구만 사장님과 편집실 직원 분들에게도 감사드린다.

끝으로 내용에 대한 미진한 부분과 오류에 대해서는 전적으로 필자의 책임이다. 이에 대한 질책을 겸허하게 받아들일 것이다.

2012년 10월
압량벌 연구실에서
이승모 씀

목 차

01 / 독점의 사악성에 대한 트라우마(trauma)

일반대중의 가슴 속에 독점이 사악한 것으로 남아있게 된 것은 역사적인 경험으로부터 비롯되었다. 16~17세기 영국의 왕들은 특정부문의 생산과 상업 및 무역에 대해 특정인 및 집단에게 특권을 부여하였다. 특권을 부여받은 자들은 엄청난 이득을 보았다. 왜냐하면 다른 생산자들과 상인들, 즉 경쟁자들이 배제됨으로써 그들은 공급을 제한하여 높은 가격으로 판매할 수 있고 그 결과 높은 이윤을 획득할 수 있었기 때문이다. 이로 인해 배제된 생산자들과 상인들은 그들의 신체와 자산을 이용하여 그들이 원하는 부문에서 생산 및 판매를 통하여 소득을 획득할 수 있는 기회를 박탈당했다. 즉 특정부문의 생산과 판매에 대한 자유를 박탈당했다. 뿐만 아니라 소비자들도 특권을 부여받은 독점자로부터 상품을 구입할 수밖에 없으므로 독점자들이 요구하는 높은 가격을 지불해야만 했다. 다시 말해, 소비자들은 낮은 가격으로 판매할 가능성이 있는 배제된 생산자 및 상인들과 교환할 기회, 즉 자유를 박탈당했다. 이로 인해 배제된 생산자 및 상인들과 그리고 독점자로부터 구입할 수밖에 없는 시민들의 불만과 원성은 높아지게 되었다. 그 결과 이들(배제된 생산자들, 상인들, 시민들)과 그리고 자유주의자들이 생산 및 상업 그리고 교환에 대한 자유를 획득하기 위해 왕과 투쟁하였다.

이런 트라우마로 일반대중 및 대다수의 경제학자들의 가슴 속에 독점이 사악하다는 사고가 확실히 자리잡고 있는 것은 놀라운 일이 아니다. 이런 사고가 연장되어 국가의 간섭이 없는 자유시장에서 발생하는 독점도 똑같이 사악한 것으로 평가되고 있다.[1)]

더구나 대다수의 경제학자들도 독점이 사악한 것인지 아닌지에 대한 연구보다는 독점이 무조건 사악한 것이라는 점을 논증하는 데 초점을 두고 연구를 해 왔다. 그들은 독점이 소비자의 후생을 악화시키고 자원배분의 왜곡을 초래한다는 점을 논증하였고, 그 결과 독점은 실증적으로나 논리적으로 모두 완벽하게 무조건 사악한 것으로 되었다. 그래서 주류

---

1) Rothbard : 779-80 참조.

경제학인 신고전파의 논리를 설파하고 있는 거의 모든 교과서에는 독점이 사악하다는 점을 논리적으로 설명하고 있다.

따라서 우리는 독점을 무조건 사악한 것으로 여긴다. 구체적으로 보면, 독점자는 경쟁자가 없으므로 생산을 제한하여 가격을 높일 수 있고, 그 결과 소비자의 후생은 악화되고 자원배분은 왜곡[2]된다. 그러므로 우리는 독점과 독점적 행위[3]를 시장경제의 '제1의 공공의 적'이자 '중대범죄'로 규정하고 당연히 규제해야 한다고 믿고 있다. 이에 따라 독점규제법인 반(反)독점법도 존재하고 있다.

라스바드(Rothbard)와 아르멘타노(Armentano) 등 (신)오스트리아학파[4]는 이런 통념이 틀렸음을 지적한다. 그들은 자유시장[5]에서 발생한 독점 및 독점적 행위는 소비자후생의 악화

2) 자원이 비효율적으로 이용되는 것. 상세한 것은 4장에서 언급됨.

3) 독점은 어떤 산업에 하나의 기업이 존재하는 것을 말한다. 독점적 행위는 어떤 기업 또는 기업들이 독점기업처럼 생산을 제한하고 가격을 높이는 행위를 말한다. 앞으로 독점이라는 용어는 독점적 행위를 포함하는 것이다.

4) 오스트리아학파는 1870년대 오스트리아 경제학자인 멩거를 시조로 하여 발전한 경제학파로서 경제현상에 대해 주관적 · 개인적인 입장에서 접근한다. 신(新)오스트리아학파는 오스트리아학파 중 미제스와 하이에크의 방법론을 계승하는 학파이다. 신오스트리아학파는 개인적 자유와 인간행동에 입각하여 분석을 한다. 여기서 오스트리아학파는 신오스트리아학파를 지칭하는 것이다.

5) 자유시장이란 국가의 간섭이나 타인의 폭력 등 강제 없이 자유롭게 거래를 하는 시장이다. 자발적 교환이 이루어지는 시장이다.

와 자원배분의 왜곡을 초래하지 않는다고 반박한다.[6] 하지만 현재 거의 모든 국가에서 그릇된 통념에 입각하여 소비자와 영세업자의 보호라는 목적을 추구하기 위해 반독점법이 시행되고 있다. 통념이 그릇된 것이라면 반독점법이 오히려 소비자후생을 악화시킨다. 심지어 반독점법의 대다수가 오히려 독점을 초래하는 법이 된다.

이런 맥락에서 라스바드는 독점을 다음과 같이 정의한다.[7] "독점은 국가가 특정 생산[8]분야를 특정인 혹은 집단에게 부여하는 특권이다." 다른 기업들은 그 분야로 진입이 금지되며, 그 금지조치에 대한 위반자에 대해서 국가는 사법 및 경찰기구를 동원하여 처벌이라는 강제력을 행사한다. 그는 국가에 의해 진입장벽이 형성되는 것만을 독점으로 규정하고 있다.[9] 자유시장에서 형성되는 독점은 독점이 아니라고 한다.[10] 국가의 간섭에 의한 독점만이 소비자후생의 악화와

---

6) 미제스와 커즈너는 수요가 비탄력적이거나 자원의 독점으로 소비자후생의 악화와 비효율적인 자원배분을 초래할 수 있다고 주장을 했지만, 그 논리가 잘못되었다는 것을 라스바드와 아르멘타노가 지적함. 자세한 것은 7.3의 독점에 대한 (신)오스트리아학파의 견해 참조.

7) Rothbard : 779 참조.

8) 판매도 포함된다.

9) 자세한 것은 7.3의 독점에 대한 (신)오스트리아학파의 견해 참조.

10) 라스바드의 논리에 따르면 국가간섭에 의한 특권의 부여만 독점이지만, 본서에서는 주류경제학을 비롯한 대다수의 경제학자들의 견해를 비판하는 데 목적이 있으므로 그들의 정

비효율적인 자원배분을 초래한다고 한다.

그러므로 라스바드 등 오스트리아학파의 지적이 올바르다면 현실의 반독점법은 오히려 소비자후생의 악화와 자원배분의 왜곡을 초래한다고 볼 수 있다. 따라서 그들이 왜 이런 주장을 하는지 그 근거와 논리를 우리는 탐구해 볼 필요성이 있다.

이런 목적을 달성하기 위해 이 책은 다음과 같이 구성된다. 2장과 3장에서는 독점에 대한 주류경제학과 (신)오스트리아학파의 시각을 살펴본다. 4장과 5장에서는 이 책의 가장 중요한 초점인 자유시장에서 발생한 독점은 사악하지 않다는 점을 논증한다. 6장에서는 오히려 국가간섭에 의한 독점의 대다수가 사악하다는 점을 논증한다. 7장에서는 경쟁과 독점에 대한 주류경제학과 (신)오스트리아학파의 견해를 종합적으로 비교 분석한다. 이 장에서는 특히 자유경쟁과 자유시장의 진정한 의미와 역할을 보여주고 있다.

8장은 기업들의 담합인 카르텔을 다루고 있다. 카르텔은 기업들이 담합을 통해 독점적 행위를 하는 것으로서 사악한 것으로 간주되고 있다. 그러나 카르텔도 자발적인 것은 사악

의에 따라 독점이라는 용어를 사용한다.

하지 않고 강제성이 있는 비자발적인 것만 사악하다는 점을 논증하고 있다. 9장에서는 일종의 카르텔인 노동조합의 임금 교섭 효과와 국가가 시행하는 최저임금제의 효과를 간략히 다룬다. 10장에서는 이상의 논의를 토대로 결론과 시사점을 도출한다.

선과 악은 가치판단을 나타내는 표현이다. 가치판단은 사람마다 다르다. 가치판단은 개개인이 하는 것이다. 만약 학자가 선과 악이라는 표현을 사용하면 자신의 가치판단에 따라 다른 사람들도 그렇게 판단하라고 강요하는 것이 된다. 다시 말하면 타인들도 그 학자의 사고방식 및 가치관에 따라 행동해야 된다고 강요하는 것이다. 그것은 물리적 독재보다 더 심한 정신적 독재이다. 따라서 학자는 가치판단을 나타내는 선과 악이라는 표현을 사용해서는 안 된다. 학자는 어떤 제도 및 사건이 어떤 결과를 초래한다는 것만을 제시해야 한다. 즉, 학자는 판단의 자료만 제시해야 한다. 그 결과에 대한 가치판단은 개개인의 몫이다. 물론 가치관의 형성에 영향을 주는 철학과 윤리학에서 이런 표현을 사용할 수 있다. 그러나 특히 경제현상을 설명하는 경제학은 이런 표현을 사용해서는 안 된다. 단지 원인과 결과만을 제시해야 한다. 그럼

에도 불구하고 필자가 이런 표현을 사용한 이유는 다음과 같다. 독점은 소비자후생의 악화와 비효율적인 자원배분을 초래하므로 통상적으로 사악하다고 취급한다. 경제학자로서는 독점이 소비자후생의 악화와 비효율적인 자원배분을 초래하는지 그렇지 않은지 그리고 만약 그런 결과를 초래한다면 그에 대한 대안과 그 결과만 밝히면 되는 것이다. 그런 것이 선인지 악인지는 개개인이 판단할 문제이다. 하지만 통상적으로 소비자후생의 악화와 비효율적인 자원배분에 대해 사악한 것으로 취급하고 그렇게 표현한다. 따라서 오스트리아학파의 라스바드의 논리에 의해 자유시장에서 발생한 독점은 소비자후생의 악화와 비효율적인 자원배분을 초래하지 않는다는 점을 밝히고 있는 필자도 사악하지 않다는 표현을 대구(對句)적으로 부득이 사용한다.

02 독점에 대한 주류경제학의 시각

일반대중은 독점의 사악성에 대한 트라우마로 인해 자유시장에서 자생적으로 발생한 독점도 덩달아 사악한 것으로 간주하게 되었다. 더구나 대다수의 경제학자들도 독점이 사악한 것인지 아닌지에 대한 연구보다는 독점이 무조건 사악한 것이라는 점을 논증하는 데 초점을 두고 연구를 해 왔다. 특히 주류경제학인 신고전파는 독점과 독점적 행위가 소비자의 후생을 악화시키고 자원배분의 왜곡을 초래한다는 점을 논증하였다.

그들의 논리에 따르면, 독점이 되면 독점기업은 경쟁자가 없으므로 더 높은 이윤을 획득하기 위해 생산을 제한하여 가격을 상승시킬 수 있고, 그 결과 소비자의 후생을 악화시키고 자원배분의 왜곡을 초래한다.

사악한 결과가 초래되는 궁극적인 원인은 경쟁이 배제되는 것이다. 따라서 경쟁의 정도가 높을수록 좋은 결과를 초래한다. 그러므로 완벽한 경쟁이 소비자후생과 자원배분의 이상적 기준이다. 그 완벽한 경쟁조건을 갖추기 위해서는 첫째, 기업의 가격 통제력이 없어야 한다. 가격 통제력이 있다는 것은 자신의 공급량을 조절하여 가격을 변화시킬 수 있다는 것을 의미한다. 따라서 가격 통제력이 있으면 더 높은 이윤을 획득하기 위해 생산 및 공급량을 감소하여 가격을 상승시킬 수 있기 때문이다. 둘째, 진입장벽이 없어야 한다. 진입장벽이 있으면 경쟁이 감소하거나 배제될 수 있기 때문이다.

이런 조건을 충족하는 경쟁이 그들이 개념화한 완전경쟁이다. 그 조건을 보다 구체화한 내용을 보면 다음과 같다. 1) 시장은 시장점유율이 아주 미약한 다수의 기업들로 구성되어야 한다. 2) 재화의 질이 같아야 한다. 3) 경제주체들은 재화의 수요와 공급에 관한 완전한 정보를 가지고 있어야 한다. 4) 진입이 자유로워야 한다. 1)~3)의 조건은 개별기업의 가격 통제력이 없어야 할 조건들이다. 개별기업의 점유율이 높으면 그 기업의 공급에 따라 시장공급이 변하여 가격에 영향을 줄 수 있다. 재화의 질이 다르면 독점력이 발생하여 가격에 영향을 줄 수 있다. 상품의 질이 다르면 특정한 질을 선호하는 소비자의 입장에서는 그런 상품을 공급하는 업체가 독점자로 보인다. 따라서 기업이 다른 기업과 질의 차별화를 추구하게 되면 독점력을 형성할 수 있기 때문이다. 또한 정보가 불완전하면 재화가 동질적이더라도 개별기업이 가격에 영향을 줄 수 있다. 예를 들면, 다른 가게의 판매가격을 모르면 소비자는 어떤 가게의 가격이 비싼 줄도 모르고 구입할 수 있기 때문이다.

이와 같은 완전경쟁에서는 경쟁이 완벽하므로 소비자후생의 극대화와 효율적인 자원배분을 초래한다. 반면 경쟁이 전혀 없는 독점에서는 당연히 소비자후생의 악화와 비효율적인 자원배분을 초래한다.

이런 완전경쟁 개념은 현실에서 도달할 수 없는 것이라는 점에서 비판을 받아왔다. 따라서 완전경쟁이 이상적이기는 하지만 실제로 존재하지 않는 완전경쟁을 현실 시장의 우월성 여부를 판단하는 기준으로 할 수 없다는 인식하에 주류경제학은 새로운 기준을 제시하였다. 보다 현실성이 있는 유효경쟁의 조건을 제시하고 이상적 기준으로 설정하였다. 유효경쟁의 조건은 클락(Clark)에 의해 제시되었고 그 후 많은 학자들에 의해 보강되었다. 그 조건을 보면 크게 3가지로 나누어진다. 구조기준, 행동기준, 성과기준으로 나누어지는데,

각각 3개, 6개, 7개인 총 16가지로 되어 있다.

유효경쟁에 대한 비판은 다음과 같다. 첫째, 그 기준이 만족되고 있는 정도를 어떻게 측정하느냐이다. 왜냐하면, 기준이 제시하고 있는 정도는 가치판단의 문제이기 때문이다. 둘째, 일부분만 만족될 때 어떻게 평가할 것인가이다.

경합경쟁은 이런 문제점을 극복하려고 제시된 개념이다. 진입장벽이 없을 경우 경합경쟁시장이라고 한다. 진입장벽만 없으면 현실적으로 완전경쟁의 조건에 가장 유사하게 도달할 수 있다고 보는 견해이다.

그러나 유효경쟁이든 경합경쟁이든 아주 중요한 결함이 있다고 (신)오스트리아학파는 지적한다. 그 개념들이 제시하는 기준은 궁극적으로 완전경쟁을 이상적인 기준으로 전제하고 있다는 것이다. 즉, 과점의 경쟁제한, 과도한 제품차별화로 인한 낭비, 시장지배력, 독점 등에 대한 주류경제학의 논의 이면에 궁극적 판단 기준으로 역시 완전경쟁을 암묵적으로 전제한다. 단지 현실적으로 완전경쟁의 조건에 가장 유사하게 도달할 수 있는 기준들을 제시하고 있을 뿐이다. 이 책을 통해서 이상적인 기준으로는 완전경쟁이 아니라 자유경쟁이라는 것을 알 수 있을 것이다. 자유경쟁이란 기업들이 외부의 폭력적 강제 없이 자신들의 의지와 능력에 따라 자유롭게 생산하고 판매하면서 타 기업들과 경쟁하는 것을 의미한다. 특히 경합경쟁은 진입장벽이 없으므로 자유경쟁과 일치하는 것으로 보이지만 차이가 크다. 경합경쟁에서 진입장벽이 없다는 것은 잠재적 진입기업이 기존기업에 비해 불리함이 없어야 한다는 것을 의미한다. 그러나 자유경쟁은 불리함에 의한 진입장벽도 허용하는 것이다.

이상과 같이 주류경제학은 완전경쟁에 가까울수록 경쟁의 정도가 높아져서 시장성과가 좋아지며, 독점에 가까울수록 경쟁의 정도가 낮아져 시장성과가 나빠진다고 주장한다. 그들은 경쟁의 정도에 의해 시장의 성과를 평가한다.

이에 반해 (신)오스트리아학파는 시장성과는 완전경쟁과의 유사도(경쟁의 정도)가 아니라 자유경쟁의 유무에 의해 평가해야 한다고 주장한다. 자유시장에는 자유경쟁이 존재한다. 따라서 자유시장에서 발생한 독점은 사악한 것이 아니다. 단지 국가간섭에 의한 독점은 사악하다고 한다. 왜냐하면 국가간섭으로 자유경쟁이 제거되기 때문이다. 다음 장에서 그들의 시각을 자세히 살펴보자.

03 독점에 대한 (신)오스트리아학파의 시각

(신)오스트리아학파는 주류경제학이 현실의 경쟁과정을 배제하고 현실에서 도달 불가능한 결과인 완전경쟁을 이상적인 기준점으로 제시함으로써 현실의 경쟁행위를 설명할 수 없고 나아가 현실의 경쟁행위에 대해 비난만 하는 그릇된 사고를 초래한다고 비판한다.

일상적인 의미에서 경쟁은 동일한 목표를 두고 2명 이상 참여자 혹은 집단이 다투는(rivalry) 현상을 말한다. 시장에서의 기업 간 경쟁은 이윤을 획득하기 위해 고객을 확보하려고 기업 간 다투는 것이다. 가격인하, 제품차별화, 서비스 강화, 기술개발 등을 통하여 경쟁을 하는 것이다. 현실의 경쟁은 구매자에게 경쟁상대보다 더 매력적인 대체물을 제공하여 경쟁자들을 배제하려는 과정이다. 그런데 주류경제학은 경쟁자의 배제과정 그 자체를 오히려 사악한 것으로 취급한다. 경쟁자가 배제되면 독점이 되고, 그 결과 소비자후생의 악화와 비효율적인 자원배분을 초래하기 때문이다. 따라서 그들은 경쟁자들이 배제되지 않은 채 그들이 존재하여 경쟁하는 상태를 이상적인 시장구조로 여기고 그런 상태를 개념화한 것이 앞장에서 언급한 완전경쟁이다.

그러나 완전경쟁을 소비자후생과 자원배분에 대한 시장성과의 이상적 기준으로 두는 것은 결국 기업가들의 경쟁행위 그 자체를 비난하고 오히려 진정한 의미의 경쟁을 왜곡한다. 왜냐하면, 완전경쟁은 경쟁자를 배제하는 것을 허용하지 않으므로 진정한 경쟁이 전혀 없기 때문이다. 또한 완전경쟁의 조건을 자세히 살펴보면 역시 완전경쟁은 경쟁이 없는 상태라는 것을 알 수 있다. 완전경쟁은 가격 통제력이 없어야 하고 제품차별화도 없어야 한다. 이것은 완전경쟁은 가격경쟁도 없고 품질경쟁도 없다는 것을 의미한다. 아무런 경쟁이 없는 것이다. 완전한 경쟁이라는 것이 어떤 경쟁도 없다는 것은 아이러니하다. 모순으로 가득 차 있다.

따라서 (신)오스트리아학파는 주류경제학의 이런 문제점을 타파하기 위해 현실의 경쟁과정에 초점을 두고 소비자후생과 자원배분에 대한 시장성과를 평가한다. 소비자들은 가격이 저렴하거나 질과 서비스 등이 좋은 매력적인 재화를 선호한다. 현실의 경쟁은 구매자에게 경쟁상대보다 더 매력적인 대체물을 제공하는 과정이다. 그런 경쟁과정이 존재함으로써 소비자의 선호가 충족된다. 오히려 그런 과정을 규제하는 것은 소비자선호를 충족시키지 못하므로 사악한 것으로 평가된다.

자유시장에서 독점이 발생하더라도 그것은 소비자선호를 충족한 결과물이다. 경쟁기업들 중 어느 한 기업이 소비자의 선호를 가장 잘 충족시키면 다른 기업들은 도태되고 그 기업만 존재하기 때문이다. 또한 그런 과정에서 독점이 발생한 후 독점기업은 독점력을 이용하여 생산을 제한하고 가격을 상승시킬 수 없다. 왜냐하면, 자유시장에서는 독점기업이 가격을 상승시키면 한편으로는 소비자들이 소비를 격감시킬 수 있고 다른 한편으로는 새로운 기업들이 진입하기 때문이다. 따라서 자유시장에서 발생한 독점은 사악하지 않다.

반면 그런 경쟁과정을 규제하는 시장, 즉 규제시장에서는 더 매력적인 재화를 제공할 기업의 진입을 방해하므로 소비자의 선호가 충족되지 않는다. 따라서 규제시장이 오히려 사악한 것이다. 그 규제는 일반적으로 국가의 강제에 의해 발생한다. 물론 민간의 폭력에 의해 발생할 수도 있지만 그런 폭력은 국가가 강제력을 이용하여 방지한다. 따라서 국가의 강제에 의한 진입장벽으로 형성된 독점은 사악하다.

자유시장에서는 어떤 기업도 자유롭게 소비자에게 더 매력적인 재화를 제공할 수 있으므로 자유로운 경쟁, 즉 자유경쟁이 존재한다. 반면 국가간섭에 의한 진입장벽이 존재하면 배제된 기업들은 소비자에게 더 매력적인 재화를 제공할 기회가 배제되므로 자유경쟁은 사라진다. 그러므로 시장성과는 자유경쟁의 유무 또는 자유시장의 여부로 판단되어야 한다.

다음 장부터 이런 (신)오스트리아학파의 시각에 입각하여 자유시장에서 발생한 독점은 사악한 것이 아니고 국가간섭에 의한 독점의 대다수는 사악한 것이라는 점을 보다 자세히 다룬다.

04 독점기업이 생산을 제한하여 가격을 상승시키는 것은 사악한가?

일반대중이나 대다수의 경제학자는 독점은 사악한 것으로 여기고 있다. 왜냐하면 독점기업은 시장지배력(독점력)을 이용하여 생산을 제한하여 가격을 상승시킬 수 있고, 그 결과 소비자후생이 악화되고 비효율적인 자원배분을 초래하기 때문이다.

시장이 독점이 아니라 경쟁이라면 낮은 가격에 더 많은 양을 소비할 수 있었다. 독점이 됨으로써 소비자는 높은 가격에 적은 양을 소비할 수밖에 없다. 따라서 일반대중이든 주류경제학자이든 독점이 됨으로써 소비자후생은 당연히 악화된다고 생각한다. 또한 주류경제학자는 소비자가 선호하는 식으로 자원이 이용될 때, 즉 소비자가 더 선호하는 재화는 많이 생산되고 덜 선호하는 재화는 적게 생산되도록 자원이 이용될 때 자원이 효율적으로 이용된다고 한다. 이런 식으로 생산이 될 때, '소비자주권(consumer sovereignty)'[1]이 실현된다고 한다. 왜냐하면, 생산이 생산자의 의도가 아니라 소비자의 의도대로 이루어진다는 의미에서 소비자가 생산결정에 대한 주권을 갖고 있기 때문이다.

주류경제학이 소비자주권의 실현을 자원배분의 이상적 기준으로 하는 이유는 다음과 같다. 우리는 희소성의 세계에 살고 있다. 자원과 그것으로 생산된 재화가 우리의 욕구에 비해 항상 부족한 세상에 살고 있다. 기술수준의 향상으로 아무리 많은 재화가 생산되어 욕구를 충족하더라도 희소성으로부터 벗어날 수 없다. 왜냐하면 우리 인간들은 욕구가 충족되면 만족하지 않고 새로운 욕구를 발생시키기 때문이다. 즉, 욕구가 무한하기 때문이다. 그러므로 우리는 희소한 자원을 가능한 한, 우리의 욕구가 잘 충족되도록 이용해야 한다. 즉, 소비자의 선호가 충족되도록 자원이 이용되어야 한다. 그러므로 소비자주권의 실현을 자원배분의 이상적 기준으로 둔다. 소비자주권이 실현되기 위해서는, 소비자의 선호를 잘 충족시키는 생산자는 이득을 얻도록 하고 그렇지 못한 생산자는 손실을 피할 수 없도록 되어야 할 것이다.

---

1) 이 개념을 창시한 학자는 케이프타운대학의 허트(W. H. Hutt) 교수이다.

(자유)시장경제에서는 소비자들이 상대적으로 더 선호하는 재화는 많이 생산되고 덜 선호하는 재화는 적게 생산되는 경향이 있다. 이런 경향 때문에, 시장경제를 소비자주권이 실현되는 체제라고도 한다. 그 실현 과정을 살펴보자.

시장경제의 토대 혹은 특징은 사유재산권과 상품생산이다. 각 개인은 자신의 신체뿐 아니라 토지와 자본재 등의 생산요소와 소비재에 대한 사유재산권을 가지고 있다. 사유재산권이란 개인이 재산(신체와 자원 및 재화)을 소유하고 그것을 자유의사에 따라 사용과 처분 및 획득할 수 있는 권리이다. 사유재산권은 배제권과 양도권으로 구성되어 있다. 배제권은 재산의 사용과 그로부터 발생하는 수익에 대해 타인을 배제하고 소유자가 전유(專有), 즉 혼자 차지할 수 있는 권리이다. 즉, 배제권은 사용권과 수익권으로 구성된다. 타인은 주인의 허락 없이 사용할 수 없고, 만약 허락 없이 사용할 경우에 그에 따른 처벌을 받는다. 양도권은 배제권(사용권 및 수익권)을 타인에게 양도할 수 있는 권리이다. 어떤 조건으로 타인에게 배제권을 일정기간 양도하는 것이 임대차이고, 타인에게 완전히 양도하는 것이 매매이다. 물론 매매의 경우, 양도권도 양도되는 것이다.[2)]

---

2) 신체의 매매는 허용되지 않는다. 신체가 제공하는 노동의 자유로운 거래는 허용된다. 노

그렇다면 시장경제의 토대인 사유재산권은 경제적으로 어떤 역할을 하는가? 결론부터 언급하면, 신체가 제공하는 노동과 자원 및 재화를 효율적으로 이용하도록 하는 경제적 역할을 한다. 그 이유는 다음과 같다.

먼저 배제권의 역할을 살펴보자. 어떤 것의 역할을 살펴보는 가장 좋은 방법은 그것이 없다면 어떤 일이 발생하는가를 살펴보는 것이다. 따라서 배제권의 역할은 배제권 부재시 어떤 일이 발생하는지를 살펴봄으로써 잘 파악된다. 배재권이 없는 경우가 공유상태이다. 공유상태에서는 어느 누구라도 타인의 허락 없이 자원을 사용하여 수익을 얻을 수 있다. 공유상태에서 어떤 일이 발생하는지를 공유어장의 예를 통해 살펴보자. 공유어장에서는 누구나 고기를 잡을 수 있다. 만약 여러분이 고기를 잡는다면 얼마나 잡으려고 할까? 아마도 할 수 있는 방법을 다 동원하여 모조리 다 잡고 싶을 것이다. 어린 것(치어)들 심지어 산란기에 있는 것까지 다 잡으려고 할 것이다. 왜냐하면, 나중에 어린 것이 자라서 성어가 된 것이나 산란 후 많아진 물고기에 대해서 당신의 것이 될 수 없기 때문이다. 그 결과 고기는 멸종될 것이다. 반면에 공유어장이 아니라 사유화가 되면 여러분은 분명 치어나 산

동의 강제적인 거래는 허용되지 않는다. 강제적 거래의 대표적인 예가 노예제이다.

란기에 있는 고기를 잡지 않을 것이다. 이와 같이 공유가 되면 노동과 자원 및 재화가 비효율적으로 이용된다. 즉, 자원이 고갈될 것이다. 반면 사유가 되면 효율적으로 이용되는 것이다. 그러므로 다음과 같은 결론을 내릴 수 있다. 배제권은 소유자가 노동과 자원 및 재화를 효율적으로 이용하도록 하는 역할을 한다. 회사 컴퓨터와 집의 컴퓨터, 세든 집과 자기 집, 렌터카와 자기 차 등에 대한 관리와 사용을 생각해 보라. 주인의 역할이 무엇인지를 잘 알 수 있을 것이다. 무주공산에서는 자원이 비효율적으로 이용된다. 이것이 공기업과 토지공개념의 근본적인 문제점이다.

이제 양도권의 역할을 살펴보자. 어느 지역에 농토가 있고, A와 B 두 사람이 존재하고 있다. 그 농토를 이용해 쌀농사를 할 때, A가 경작하면 100가마를 수확할 수 있고, B가 경작하면 120가마를 수확할 수 있다고 하자. A와 B는 농사를 짓지 않으면 아무것도 수확할 수 없다고 하자. 그러면 누가 이 농토를 이용하는 것이 사회적으로 효율적인가? B일 것이다. 그런데 현재 그 농토의 소유자가 A이다. 만약 양도권이 없다면 B가 그 농토를 이용할 수 없다. 그러나 양도권이 있다면 어떻게 될 것인가? 임대차를 통해 살펴보자. 단순화를 위해 여가의 가치는 없다고 가정하자. A는 임대소득으로서 최소한 100가마를 요구할 것이다. 그 보다 적게 받으면 자신이 농사를 짓는 것보다 획득하는 것이 적기 때문이다. 그러면 B는 얼마까지 임대료를 지급하려 할 것인가? 120가마보다 약간 적은 119.9가마가 될 것이다. 119.9가마를 지급하더라도 임대를 하지 않을 경우보다 0.1가마를 더 얻을 수 있기 때문이다. 그러므로 그들 간 협상의 여지(100～119.9 가마)가 발생한다. 협상에 의해 임대료는 그 여지 이내로 결정되고 B가 그 농토를 이용할 수 있다. 이와 같이 양도권이 있음으로써 그 노동과 자원 및 재화를 가장 효율적인 이용자가 이용할 수 있다. 그러므로 다음과 같은 결론을 도출할 수 있다. 양도권은 효율적인 자가 노동과 자원 및 재화를 이용하도록 하는 역할을 한다.

이상으로부터 사유재산권은 노동과 자원 및 재화를 효율적으로 이용하게 하는 유인을 제공하는 경제적 역할을 한다는 결론이 도출되는 것이다. 사유재산권은 재산을 자유의사에 따라 관리 · 사용 · 처분할 수 있는 권리이므로, 생산의 자유와 교환의 자유를 보장하는 것이다. 따라서 사유재산권의 보장, 즉 생산과 교환의 자유는 노동과 자원 및 재화를 효율적으로 이용하게 하는 전제조건인 것이다.

한편 상품이란 자가소비를 목적으로 생산한 것이 아니

라 타인에게 판매할 목적으로 생산한 것이다. 상품을 만드는 궁극적인 목적은 그것을 판매하여 소비할 품목들을 구입하기 위한 (화폐)소득을 획득하는 것이다. 이런 점에서 우리 모두는 소비자인 동시에 생산자이다. 생산자는 소득을 획득하기 위해서는 타 생산자에 비해 양질의 상품이나 저렴한 상품을 제공해야만 한다. 왜냐하면 소비자들이 그런 상품들을 선호하기 때문이다. 만약 이러한 소비자의 선호를 충족하지 못하면 결코 그는 소득을 획득할 수 없다. 그러므로 생산자는 소비자의 선호를 잘 충족할 경우에만 이윤을 획득할 수 있고 그렇지 못한 경우 손실과 도산이라는 처벌을 받는다.

이와 같이 사유재산과 상품생산을 토대로 하는 시장경제에서는 생산이 소비자의 선호에 부응하도록 이루어지므로 시장경제는 소비자주권이 실현되는 체제이다.

위에서 언급한 것처럼, 상품생산이 지배적인 시장경제에서는 생산자는 소비자의 선호를 잘 충족할 경우에만 이윤을 획득할 수 있고 그렇지 못한 경우 손실과 도산이라는 처벌을 받는다. 따라서 연예인만 대중의 사랑을 먹고 사는 것이 아니라 모든 생산자, 즉 우리 모두가 대중의 사랑을 먹고 사는 것이다. 그래서 시장경제에서는 소비자가 주권자이고 왕이라는 표현이 등장한다. 우리는 흔히 어떤 그룹의 회장을 왕회장이라고 하는데, 그의 그룹이 소비자의 선호를 실현시키지 못하면 그는 하루아침에 거지나 파산자가 된다. 그들이 왕이 아니라 소비자가 왕인 것이다. 이런 점에서 시장경제에서 이윤은 소비자를 착취한 것이 아니라 소비자에게 양질의 상품이나 저렴한 상품을 봉사한 대가라는 것도 알 수 있다.

그러나 주류경제학자들은 시장구조가 완전경쟁(혹은 순수경쟁)이 아닌 독점과 과점 및 독점적 경쟁 등 불완전경쟁이 되면, 판매자가 생산을 제한하여 가격을 상승시켜 소비자잉여[3]의 일부를 탈취하므로 소비자주권이 침해된다고 주장한다. 소비자는 높은 가격에 적은 양을 소비하는 것보다 낮은 가격에 많은 양을 소비하는 것을 더 선호한다. 따라서 주류경제학자는 독점이 되면 소비자의 선호가 충족되지 않으므로 자원이 비효율적으로 이용된다고 주장한다. 그러므로 그런 시장구조를 규제해야 한다고 주장한다.

그러나 소비자들은 과연 어떤 재화를 높은 가격으로 적

---

3) 소비자잉여란 소비자가 최대로 지불하고자 하는 가격과 실제지불가격의 차이를 말한다. 따라서 시장가격이 높아지면 지불가격이 높아지므로 소비자잉여가 줄어드는 것이다. 반면 생산자잉여란 실제취득가격과 생산자가 최소한 받고자 하는 가격의 차이를 말한다. 따라서 시장가격이 높아지면 취득가격이 높아지므로 생산자잉여가 커지는 것이다. 소비자잉여와 생산자잉여의 합을 사회적 잉여 또는 사회적 후생이라고 한다.

은 양을 소비하는 것을 무조건 싫어하고 선호하지 않는가? 오스트리아학파의 라스바드와 그의 주장을 옹호하는 아르멘타노는 그렇지 않다고 한다. 소비자는 경우에 따라 어떤 재화를 높은 가격으로 적은 양을 소비하는 것을 선호할 수도 있고 선호하지 않을 수도 있다고 한다. 그들이 이렇게 주장하는 이유를 살펴보자.

독점기업이 생산을 제한하여 가격을 상승시킬 때 소비자들이 그 높은 가격에 적은 양을 구입하는 것을 회피한다면 그 기업은 폭력 등의 강제력을 사용하지 않는 한 높은 가격으로 판매할 수 없다. 폭력 등의 강제가 없는 자유시장에서는 독점기업이 소비자가 원하지 않는 한 높은 가격으로 판매할 수 없다. 그런 경우에는 독점으로 가격이 높아질 수 없다. 독점기업이 생산을 제한하여 높은 가격으로 판매할 수 있는 것은 소비자가 그것을 선호하기 때문이다. 그렇다면, 소비자들이 높은 가격으로 적은 양을 구입하는 것을 회피할 수 있는데도 불구하고 그렇게 한다는 것은 무엇을 의미하는가? 낮은 가격으로 더 많은 것을 구입하는 것보다 오히려 높은 가격에 적은 양을 구입하는 것을 더 선호한다는 것을 소비자의 행동으로 표현하는 것이다. 이와 같이 소비자는 경우에 따라 어떤 재화를 높은 가격으로 적은 양을 소비하는 것을 선호할 수도 있고 선호하지 않을 수도 있다.

그러므로 자유시장에서 독점기업이 높은 가격으로 판매하더라도 그것은 소비자선호를 충족하는 것이다. 따라서 독점으로 가격이 상승하더라도 소비자후생이 악화되는 것도 아니고 자원배분이 비효율적인 것도 아니다. 이것은 소비자후생의 극대화와 효율적인 자원배분은 소비자선호의 충족으로 판단되어야 한다는 것을 시사한다. 가격이 높아지는 것이 무조건 소비자선호를 충족시키지 않는 것도 아니므로 무조건 소비자잉여를 감소시키는 것도 아니며 무조건 소비자주권을 침해하는 것도 아니다.[4] 이것은 주류경제학에서 소비자잉여를 측정하는 것에 문제가 있다는 것을 시사한다. 소비자잉여는 가격으로 측정해야 하는 것이 아니라 소비자가 행동으로 나타낸 선호, 즉 현시선호에 의해 측정되어야 한다. 물론 얼마나 큰지 작은지는 알 수 없고 단지 어느 것이 큰지 작은지 우열만 알 수 있을 뿐이다.

기업들도 높은 가격으로 판매하는 것을 무조건 선호하는 것은 아니다. 가격상승률보다 수요량 감소율이 더 크다면

---

4) 소비자선호의 충족을 소비자주권의 실현이라는 용어를 사용하는 것은 문제점이 있음. 소비자주권이라는 용어는 생산자를 강제할 수 있다는 의미가 내포되어 있기 때문이다. 자세한 것은 7.1 참조.

오히려 수입이 감소하기 때문이다. 수요량의 변화율이 가격 변화율보다 클 때 경제학자들은 수요가 탄력적이라고 한다. 예를 들어, 가격이 10% 상승하면 수요량이 10%보다 크게 감소하는 것이다. 역일 경우 수요가 비탄력적이라고 한다. 예를 들어, 가격이 10% 상승할 때 수요량이 10%보다 작게 감소하는 것이다. 판매액(즉, 기업의 수입)은 가격에 판매량(수요량)을 곱한 것이다. 수요가 비탄력적일 경우, 가격을 상승시키면 가격상승률이 수요량 감소율보다 크므로 판매수입은 증가한다. 반면, 가격을 하락시키면 가격하락률이 수요량 증가율보다 크므로 판매수입이 감소한다. 수요가 탄력적일 경우, 가격을 상승시키면 가격상승률보다 수요량 감소율이 크므로 판매수입은 감소한다. 반면, 가격을 하락시키면 가격하락률보다 수요량 증가율이 크므로 판매수입이 증가한다. 그러므로 판매자들은 수요가 비탄력적일 때는 가격 상승을 통해 판매수입을 증가시키려 하며, 수요가 탄력적일 경우에는 가격 하락을 통해 판매수입을 증가시키고자 한다. 따라서 더 적은 양을 판매하여(즉, 생산을 제한하여) 가격을 상승시킴으로써 수입을 증가시킬 수 있는 조건은 수요가 비탄력적일 경우이다. 그러므로 기업은 수요가 비탄력적일 경우에만 가격을 상승시킨다. 탄력적일 경우에는 가격을 상승시키지 않는다. 만약 독점기업이 생산을 제한하여 가격을 상승시킬 때, 소비자들이 개별적으로 혹은 집단적 불매운동 등으로 소비를 격감시키면 수요가 탄력적으로 변하기 때문에 기업은 다시 가격을 낮출 것이다.[5)]

그렇다면 독점기업이 가격을 상승시킬 때 소비자들은 수요를 탄력적으로 변화시켜 가격을 낮출 수 있는데도 불구하고 높은 가격에 적은 양을 구입하는 것은 무엇을 의미하는가? 그 의미는 이것이다 : 그들은 이 재화에 대해 탄력적인 수요보다 비탄력적인 수요를 선호하는 것이다. 따라서 독점기업이 가격을 높일 수 있는 것은 소비자가 탄력적 수요보다 비탄력적 수요를 선호하기 때문이다. 그러므로 자유시장에서 독점기업이 높은 가격으로 판매하더라도 그것은 소비자 선호를 충족하는 것이고, 그 결과 소비자후생의 극대화와 효율적인 자원배분을 초래한다.

하지만 기업들은 수입의 극대화보다 이윤극대화를 추구하지 않는가? 그렇다. 따라서 수입만 고려하는 것은 비용을 고려하지 않으므로 이윤극대화를 추구하는 기업행위를 설명하지 못하는 것으로 볼 수 있다. 그렇지만 일반적으로 생산이 감소하면 비용이 감소한다. 생산이 감소되어 수입이 극대

5) Rothbard : 742, 750 참조.

화되는 생산량에서 비용은 이전보다 낮다. 그러므로 수입이 극대화되는 생산량에서 이윤은 이전보다 커진다. 물론 수입이 극대화되는 양보다 더 적은 생산량이 이윤이 극대화될 수도 있다. 수입의 감소보다 비용의 감소가 더 클 경우이다. 하지만 라스바드 등 (신)오스트리아학파는 수입이 극대화될 때 이윤이 극대화된다고 본다. 생산비용은 고려하지 않는다.[6] 그 이유는 다음과 같다.

일반적으로 기업들은 수입극대화를 통하여 이윤극대화를 추구한다. 생산자가 이미 생산된 양의 판매를 고려할 때 과거의 생산비용은 고려하지 않는다. 왜냐하면 생산비용은 매몰비용[7]이 되기 때문이다. 가령 생산자가 이윤극대화의 양을 100개로 추정하여 100만원의 비용으로 생산을 하였다. 생산 후 판매시점에서는 100만원이라는 생산비용은 이미 지출된 것으로 변하지 않는다. 그러므로 생산자는 주어진 비용하에서는 오직 수입극대화를 통해서만 이윤을 극대화할 수 있다. 이와 같이 의사결정의 시점에 과거에 지출된 매몰비용은 고려하지 않는다. 물론 생산을 고려하는 단계에서는 생산

6) Rothbard : 785 참조.

7) 매몰비용이란 지출된 것 중 현재 회수할 수 없는 비용이다. 자동차를 2,000만원에 구입하자 마자 사용하지도 않고 판매할 경우 1,900만원을 받을 수 있다면, 매몰비용은 100만원이다.

비용을 고려한다. 이때 생산비용은 과거에 지출된 매몰비용이 아니기 때문이다. 하지만 생산된 양을 판매할 때는 수입이 극대화되도록 판매량을 결정한다.[8] 만약 수입이 극대화되는 양이 그들이 생산했던 양보다 적은 것으로 판명되면, 즉 보다 적은 양을 높은 가격으로 판매하는 것이 수입이 극대화되는 것으로 판명되면, 판매량을 감소시킨다. 재고는 저장이 가능한 경우 다음 기에 판매를 위해 비축하고 불가능한 경우 폐기처분한다. 다음 생산 기에는 수입이 극대화되는 것으로 판명된 양으로 생산량을 감소시킨다. 재고가 있을 경우 그것을 고려하여 생산량을 조절한다. 만약 그들 예상대로 생산된 양을 모두 판매할 경우 수입이 극대화되면, 즉 보다 적은 양을 높은 가격으로 판매하는 것보다 현재 생산량을 낮은 가격으로 모두 판매하는 것이 수입이 극대화되는 것으로 판명되면, 현재의 생산량을 모두 판매하고, 다음 생산 기에도 그와 같은 양을 생산할 것이다. 또한 현재 생산량이 부족할 경우, 즉 판매량을 감소시키지 않더라도 보다 높은 가격으로 판매할 수 있을 경우, 다음 기의 생산은 다음과 같이 결정한다.

---

8) 물론 판매에 소요되는 비용은 고려할 것이다. 여기서는 단순화를 위해 판매비용은 거의 없거나 있더라도 판매량에 관계없이 일정하다고 가정한다. 현실에는 판매비용이 일정한 경우가 많다.

추가 생산으로 인한 수입의 증가분이 생산비용의 증가분보다 클 경우에는 생산을 증가시키고 그렇지 않으면 생산량을 조절하지 않을 것이다. 일반적으로 가격 상승시 추가 생산비용이 급격히 상승하지 않으므로 생산량이 어느 정도 증가하는 경향이 있다. 이와 같이 생산자는 일반적으로 수입극대화를 통하여 이윤극대화를 추구한다.[9] 이런 과정을 통하여 이윤극대화를 추구하는 이유는 판매자들이 완전한 지식을 갖지 못하므로 단지 소비자들의 수요를 예측하여 생산량을 결정할 수밖에 없기 때문이다. 기대한 수요가 실현되는지는 판매를 통해서만 알 수 있다.

또한 이런 반문이 있을 수 있다. 독점이 되면 대체재가 없기 때문에 높은 가격으로 구입할 수밖에 없지 않는가? 그렇게 생각할 수도 있지만 그렇지 않다. 어떤 재화의 시장이 독점이 되면 그 재화를 공급하는 다른 기업은 없지만 대체재가 없는 것은 아니다.[10] 독점인 철도의 요금이 상승하면 우리는 어떻게 하는가? 고속버스, 비행기, 자신의 차를 이용할 수 있다. 기름 가격이 너무 높으면 자가운전자는 대중교통으

9) 배를 건조하는 조선산업과 같이 주문생산의 경우에는 생산자는 비용극소화를 통해 이윤극대화를 추구한다. 주문생산의 경우, 판매수입이 정해져 있기 때문이다.

10) Rothbard : 787 참조.

로 전환을 하며, 기름보일러 사용자는 가스 및 연탄보일러로 전환할 수도 있다. TV가 너무 비싸면 TV 대신에 책을 구입할 수도 있고 운동기구를 구입할 수도 있다. 심지어 주택가격이 너무 높으면 자동차를 구입할 수도 있다. 어떤 재화도 대체재를 가지고 있다. 모든 재화가 서로 대체재로서 경쟁을 하고 있다. 따라서 독점기업이 가격을 상승시키면 소비자들은 다른 재화로 대체할 수 있다. 그러므로 독점이 되더라도 가격은 반드시 상승할 수는 없다.

그렇다면 가격상승을 동반하는 독점은 어떻게 발생하는가? 앞에서 본 것처럼 소비자들이 다른 재화로 대체하지 않고 독점재화를 더 높은 가격으로 적은 양을 구입하는 것을 선호하기 때문이다. 다시 말하면, 소비자가 이 독점재화에 대해 탄력적인 수요보다 비탄력적인 수요를 선호하기 때문이다. 즉, 다른 대체재에 대한 지출을 증가시키는 것보다 독점재화에 더 많은 지출을 하는 것을 선호하기 때문이다. 그러므로 이 독점재화에 대한 소비자의 비탄력적 수요는 자발적이다. 따라서 자발적인 비탄력적인 수요에 부응하여 독점기업이 가격을 상승시키는 것은 소비자의 선호를 충족하는 것이다. 그러므로 독점으로 가격이 상승하더라도 독점은 소비자후생의 극대화와 효율적인 자원배분을 초래하므로 사악하지 않다.

독섬기업이라도 수요가 탄력적일 경우 가격을 상승시킬 수 없다. 앞에서 본 것처럼 가격을 상승시키면 기업의 수입이 오히려 감소하기 때문이다. 소비자가 탄력적인 수요를 선호할 때 기업이 그것에 부응하지 않으면 오히려 손해를 본다. 따라서 독점이 됨으로써 반드시 가격이 상승하는 것이 아니다. 가격 상승여부는 소비자의 수요탄력성에 달려 있다.

또한 소비자의 욕구가 다양하므로 대체재가 반드시 존재한다. 따라서 어떤 재화의 독점도 경쟁이 없는 것이 아니다. 자유시장에서 발생한 독점은 소비자의 선호를 충족하기 위한 경쟁의 결과로 나타난 현상일 뿐이고 그 독점현상도 계속 유지되는 것도 아니다. 다음 장에서 이것에 대해 구체적으로 살펴볼 것이다.

05 자유시장에서 독점은 어떻게 발생하는가?

이제까지 자유시장에서 발생하는 독점은 사악하지 않다는 점을 논리적으로 분석하였다. 지금부터는 현실에서 독점이 어떻게 발생하는지를 탐구함으로써 자유시장에서 발생하는 독점은 사악하지 않다는 점을 다시 한 번 더 확인할 수 있을 것이다.

현실의 독점현상은 타 기업의 진입을 막는 장벽이 형성되기 때문에 발생한다. 진입장벽은 크게 두 가지로 구분할 수 있다. 하나는 국가의 간섭(정부의 규제)에 의해 발생하는 것이고 다른 하나는 자유시장에서 기업에 의해 발생되는 것이다. 전자를 법률적 진입장벽이라고 하고 후자를 비법률적 진입장벽이라고 한다. 이 장에서는 비법률적 진입장벽을 분석하며, 다음 장에서 법률적 진입장벽을 분석한다.

비법률적 진입장벽은 어느 기업이 타 기업에 비해 경쟁력이 높을 경우에 발생한다. 경쟁력은 규모의 경제, 제품차별화, 자원의 독점 등으로 높아질 수 있다. 주류경제학은 이런 비법률적 진입장벽을 유도하는 행위를 사악하다고 비난한다. 왜냐하면 그런 장벽으로 경쟁이 약화되어 소비자선호를 충족시키지 못함으로써 소비자후생의 악화와 비효율적 자원배분을 초래한다고 생각하기 때문이다. 과연 그들의 주장이 올바른지 확인하기 위해 규모의 경제, 제품차별화, 자원의 독점 등에 의한 진입장벽의 발생과정 및 그 효과들을 차례로 살펴보자.

5.1 규모의 경제 : 자연독점

규모의 경제란 기업의 규모 증가와 더불어 생산이 증가함에 따라 단위당 생산비(평균비용)가 감소하는 것을 말한다.[1] 기업들 간에 규모의 경제를 실현할 수 있는 능력에 차이가 있을 수 있다. 기업의 자금력, 인적 능력, 기술력 등의 차이로 대규모 기업은 소규모의 기업보다 생산량이 증가함

1) 반면 규모의 증가와 더불어 생산량을 증가시킴에 따라 평균비용이 증가하는 것을 규모의 불경제 혹은 비경제라 한다.

에 따라 평균비용을 더 많이 낮출 수 있다.[2)] 대규모 기업은 평균비용의 하락정도에 대응하여 가격을 하락시킴으로써 소규모 기업을 도태시키거나 진입을 할 수 없게 만들 수 있다. 그 결과 독점이 형성된다. 규모의 경제에 의해 독점이 되는 것을 자연독점이라고도 한다. 규모의 경제에 의해 저절로, 즉 자연적으로 독점이 되기 때문이다. 이 경우 비용우위에 의한 실질적인 진입장벽이 발생한다고 볼 수 있다.

그러나 이런 진입장벽은 대규모 기업에 의해 발생된 것이 아니라 사실은 소비자들이 그 장벽을 형성시킨 것이다. 만약 소비자들이 더 높은 비용구조를 갖는 소규모 기업의 제품을 더 높은 가격으로 구입을 한다면 소규모 기업도 시장에 존재할 수 있을 것이다. 그들이 시장에 존재할 수 없거나 진입할 수 없는 것은 소비자들이 더 높은 가격의 소규모 기업 제품을 구입하지 않고 낮은 가격의 대규모 기업의 제품을 구입하기 때문이다. 소비자선호의 결과로 진입장벽이 발생한다. 대규모 기업이 아니라 소비자들이 비효율적인 소규모 기업을 도태시킨다. 이와 같이 규모의 경제로 인한 경쟁

---

2) 규모의 경제의 크기는 산업에 따라 다르다. 자동차, 조선 등 설비자본이 많이 소요되는 산업에서는 규모의 경제가 크게 작용하나, 음식점 등 설비자본이 많이 소요되지 않는 산업에서는 규모의 경제가 크게 작용하지 않는다. 이런 산업에서는 대규모가 오히려 비효율적이다.

력 우위로 발생하는 진입장벽과 그 결과로 초래되는 독점은 소비자들이 선호하기 때문에 발생한다. 그러므로 규모의 경제로 인한 독점은 소비자의 선호를 충족시키고, 그 결과 효율적인 자원배분을 초래한다. 이런 독점에 대해 비난한다면 소비자를 비난하는 것이다.[3] 이것은 또한 주류경제학의 주장처럼 규모의 경제로 인한 독점이 경쟁을 제거하는 것이 아니라, 오히려 소비자선호를 충족하기 위한 기업들 간의 경쟁으로 발생한다는 것도 보여주고 있다.

하지만 이런 반론이 있을 수 있다. 경쟁 기업들을 축출한 후에 독점화된 대규모 기업이 이윤극대화를 위해 생산을 제한하여 가격을 다시 높일 것이므로 소비자선호도 침해하고 비효율적인 자원배분을 초래할 것이다. 이제 독점기업이 다시 가격을 상승시킬 수 있을 것인지를 검토해 보자. 만약 독점기업이 가격을 높이면 더 많은 이윤이 발생할 것이다. 이에 따라 축출된 소규모 기업들은 수익성이 기대되므로 다시 생산을 재개할 것이다. 그렇게 되면 독점기업은 다시 가격을 낮출 수밖에 없다. 물론 축출된 소규모 기업들이 도산을 하여 다시 재개할 수 없을 수도 있다. 이런 경우에도 생산공장은 그대로 남아 있고, 새로운 기업가에 의해 헐값에 매

3) Armentano : 3-4 참조.

입될 수 있다. 그 결과 새로운 기업이 생산을 재개할 수 있으므로 독점기업의 가격상승에 걸림돌이 된다. 따라서 이런 위협을 피하기 위해서 독점기업은 그 소규모 공장들이 마모되거나 무용지물이 될 때까지 걸리는 매우 긴 기간 동안 가격을 올릴 수 없을 것이다.[4)]

그러나 대규모 기업이 도태된 소규모 기업의 공장을 매입하면 진입이 저지되지 않는가라는 반론이 있을 수 있다. 하지만 매입에는 고비용이 수반되는 것이다. 소규모 기업들은 매각과정에서 높은 가격을 요구할 것이다. 그와 더불어 기존 공장들이 모두 매입된 후에 독점기업이 가격을 상승하면, 새로운 기업가는 기존 독점기업이 또 다시 매입해야 하는 점을 이용하여 공장을 설립하여 생산을 재개할 것이다. 기존 독점기업은 높은 가격을 유지하기 위해 값비싼 매입과정을 또 다시 반복해야 할 것이다. 그래서 독점가격을 유지하기 위해 경쟁자를 매입하는 것이 오히려 손해가 된다. 이것이 선도적 석유기업 경영자인 록펠러에게 일어난 일이다. 그래서 그는 다음과 같이 말하였다. "높은 가격의 우산 밑에서 많은 경쟁자를 불러들였다."[5)]

---

4) Rothbard : 796 참조.

5) Rothbard : 797-8 참조.

이와 같이 자유시장에서 규모의 경제로 인한 진입장벽에 의해 독점이 형성되더라도 높은 독점가격을 설정할 수 없고, 설사 그런 가격을 설정하더라도 곧 붕괴된다.

이상의 분석으로부터 다음과 같은 결론을 도출할 수 있다. 자유시장에서 규모의 경제로 인한 진입장벽과 독점은 소비자선호를 충족한 결과이며, 저렴한 가격으로 그들의 생산품을 소비자에게 제공한다.

한편 영세업체는 자금조달력의 차이로 규모의 경제를 실현할 수 없기 때문에 도태될 수밖에 없다는 주장이 있다. 영세업체가 자금조달력에 차이가 나는 이유는 무엇일까? 자본주의에는 주식회사제도가 있다. 따라서 영세업체가 이 제도를 이용하면 자금을 조달할 수 있을 것이다. 그런데 왜 대기업만큼 조달되지 않을까? 소액주주나 대주주는 기업의 잠재력을 보고 투자할 것이다. 기업의 잠재력은 그 기업내부의 인적 자원의 능력에 달려 있다. 만약 영세업체가 투자설명회를 통해 높은 수익률을 초래할 비전을 제시한다면 자금조달이 가능하다. 우리는 어느 영화감독이 시나리오만 가지고 투자설명회를 통해 제작비를 조달하는 것을 자주 목격한다. 이것은 자금이 문제가 아니라 인적 자원의 능력이 문제라는 것을 보여주는 사례이다. 영세업체이기 때문에 자금조달력이 낮은 것이 아니다. 자금조달력은 기업의 크기보다는 인적 자원의 능력에 달려 있다. 인적 자원의 능력이 뛰어나면 소규모 기업도 규모의 경제를 실현할 수 있다.

5.2 제품차별화

제품차별화는 품질, 서비스 등을 차별화하는 것이다. 이러한 제품차별화로도 진입장벽이 발생할 수 있다. 제품차별화로 경쟁을 할 경우, 질과 서비스 수준이 낮은 기업들은 경쟁력이 낮아지므로 제품차별화가 진입장벽을 형성한다. 예를 들어, 동질의 제품을 생산하는 산업에서 어떤 회사가 양질의 제품을 생산함으로써 다른 기업들의 제품들이 팔리지 않게 되므로 제품차별화가 진입장벽을 형성하고 그 결과 경쟁은 배제되고 독점이 된다.

그러나 이런 진입장벽이 형성되는 것은 기업이 차별화를 시도하기 때문이 아니다. 소비자가 선호하기 때문이다. 그 이유는 다음과 같다.[6] 만약 소비자들이 양질의 제품을 구입하지 않고 저질의 제품을 구입한다면, 차별화는 진입장벽으로 작용하지 않는다. 그러므로 차별화가 진입장벽으로 작

6) Armentano : 3-4 참조.

용하는 것은 소비자가 양질의 제품을 선호하기 때문이다. 그러므로 차별화로 인한 진입장벽과 독점은 소비자의 선호를 충족시키는 것이다. 따라서 차별화로 인한 진입장벽과 독점은 경쟁을 배제하는 것이 아니라 소비자의 선호를 충족하기 위한 경쟁의 결과이다.

또한 독점 이후 역시 더 높은 독점가격을 설정할 수 없다. 더 높은 가격을 설정하면 한편으로는 소비자들이 개별적으로 또는 불매운동 등에 의해 집단적으로 소비를 격감시킬 수 있고, 다른 한편으로는 높은 독점이윤으로 새로운 기업들이 진입하여 양질의 제품을 생산할 수 있기 때문이다. 그러므로 차별화로 인한 진입장벽과 독점은 소비자후생의 악화와 비효율적인 자원배분을 초래하지 않는다.

그런데 현실에서 양질의 제품들의 가격이 어느 정도 더 높은 것은 사실이 아닌가? 현실에는 그런 경우가 많다. 그렇다면 이런 경우 가격상승은 소비자후생을 악화시키는 것이 아닌가? 그렇지 않다. 그 이유는 다음과 같다.[7] 가격상승을 동반하는 차별화는 다음의 경우에만 진입장벽으로 작용하게 된다. 소비자들이 차별화된 상품을 선호하여 더 높은 가격을 지불하는 경우이다. 만약 소비자가 차별화된 제품을 높은

7) Armentano : 3-4 참조.

가격으로 구매하지 않고 오히려 차별화되지 않은 제품을 낮은 가격으로 구매한다면, 차별화는 진입장벽으로 작용하지 않는다. 따라서 가격상승을 동반하는 차별화가 진입장벽으로 작용하는 것은 소비자가 양질의 제품을 높은 가격으로 구입할 경우이다. 그러므로 가격상승을 동반하는 차별화가 진입장벽을 형성하게 되는 것도 차별화를 시도한 기업의 결과가 아니라 소비자가 그런 차별화를 선호한 결과이다. 이런 차별화도 역시 소비자후생의 악화와 비효율적인 자원배분을 초래하지 않는다.

한편 소비자들이 스스로 저질의 저가제품 대신에 양질의 제품을 고가로 구입한다는 것은 소비자들이 자발적으로 양질의 제품에 대해 탄력적인 수요보다 비탄력적인 수요를 선호한다는 것을 의미한다. 그 이유는 다음과 같다. 만약 소비자들이 고가의 양질제품 대신 저가의 저질제품을 많이 구입한다면 고가의 양질제품은 수요가 격감하여 수요가 탄력적으로 변한다. 소비자들이 저가의 저질제품으로 대체하여 양질의 제품에 대한 수요를 탄력적으로 변화시킬 수 있는데도 불구하고 구태여 양질의 제품을 고가에 구입한다는 것은 스스로 수요를 비탄력적으로 변화시킨 것이다. 따라서 소비자들이 스스로 양질제품에 대해 탄력적인 수요보다 비탄력적인 수요를 선호한 것이다. 이와 같이 소비자들이 양질제품에 대해 비탄력적인 수요를 선호한 결과 양질제품의 가격이 높아진 것이다.[8)]

이상의 논의에 따르면, 진입장벽을 낮추고 경쟁의 정도를 높이기 위해 차별화를 하지 못하도록 강제하는 것은 오히려 소비자의 선호를 침해하는 것이 된다. 제품차별화로 인한 경쟁력 우위로 발생하는 진입장벽과 그 결과로 초래되는 독점은 소비자들이 선호하기 때문에 발생한 것이다. 이런 독점에 대해 비난한다면 소비자를 비난하는 것이다. 이것도 규모의 경제처럼 독점이 경쟁을 제거하는 것이 아니라, 소비자 선호를 충족하기 위한 기업들 간의 품질경쟁으로 독점이 발생한다는 것도 보여주고 있다. 우리 속담에 싼 것이 비지떡이 된다는 말이 있다. 이 말은 소비자는 가격뿐 아니라 질, 서비스 등을 고려한다는 것이다. 소비자는 질 등을 고려한 가격을 구매행위에서 판단기준으로 한다.

한편 이런 주장을 하는 사람들도 있다. 제품차별화를 하기 위해서 많은 비용이 소요된다. 차별화로 독점이 형성되면 그 기업은 차별화를 위해 소요된 비용 이상으로 가격을 상승시켜 소비자후생을 악화시킨다는 것이다. 그러나 이 주

---

8) 4장 참조.

장도 똑같은 논리에 입각하면 역시 잘못된 것이라는 것을 알 수 있다. 비용 이상으로 가격을 상승시킬 수 있는지 그 여부는 소비자의 선호와 새로운 기업의 진입에 달려 있다. 그 높은 가격에서 소비자의 지출이 가격상승 이전의 지출보다 많으면 판매자는 가격을 상승시킬 것이다. 그 반대이면 가격을 상승시키지 않을 것이다. 소비자의 지출이 가격상승 이전의 지출보다 많다는 것은 소비자들이 비탄력적인 수요를 선호한다는 것이고, 적다는 것은 탄력적인 수요를 선호한다는 것이다. 그러므로 비용 이상으로 가격이 상승하더라도 그것은 소비자 선호의 결과이지 기업이 독점력을 행사한 것이 아니다. 그리고 자유시장에서는 이와 같은 이유로 가격이 상승하더라도 높은 독점이윤의 발생으로 새로운 기업이 진입하여 가격은 낮아지는 경향도 있다.

이상의 논의로부터 다음과 같은 시사점을 얻을 수 있다. 가격상승이 비용상승보다 큰 것이 문제가 되는 것이 아니다. 가격이 소비자와 생산자 간의 자발적인 교환으로 형성된 것인지 아닌지 그 여부가 중요한 것이다. 자발적 교환으로 형성된 것은 소비자선호와 생산자의 선호 모두가 충족되는 것이다. 반면 정부의 규제나 교환 당사자 중 어느 한 쪽의 폭력에 의한 강제로 형성된 가격은 어느 한 쪽의 선호가 침해되는 것이다. 다음 6장에서 자세히 분석된다.

5.3 자원의 독점

생산자가 필수적인 생산요소를 독점적으로 소유할 경우 다른 생산자가 생산할 수 없으므로 진입장벽이 발생한다. 이런 자원의 독점은 어떤 구체적인 재화의 생산에 대한 진입을 방해할 수 있고, 경쟁과 시장의 조정과정을 방해한다. 그러므로 독점자원은 소비자의 선호가 충족되지 않도록 이용된다. 따라서 자원독점으로 인한 진입장벽은 사악한 것이라고 주장된다.

자유시장에서는 구입과 판매의 자유가 존재하기 때문에, 자원에 대한 독점 소유권도 구입과 판매가 가능하므로 그 자원에 대한 접근이 가능하다.[9] 가령 기업 A가 독점자원을 소유하여 재화를 독점적으로 생산한다고 가상하자. 만약 다른 기업(B)이 그 독점자원으로 소비자가 선호하는 제품을 생산하여 기존 독점기업(A)보다 더 많은 이윤을 얻을 수 있다고 판단하면 B기업은 A기업이 평가하는 자원의 가치보다 높은 가격을 A기업에게 제안할 수 있다. 만약 그 제안을 받

9) Armentano : 9–10 참조.

아들일 경우 A기업은 자신이 직접 생산하는 것보다 더 많은 이득을 획득할 수 있을 것이다. 따라서 A기업은 자원을 B기업에게 판매할 것이다. 특허 소유자가 특허권을 타인에게 양도하는 것과 똑같은 원리이다. 만약 여러 기업이 그와 같은 높은 가격을 제시하면 여러 기업에게 그 독점자원이 이전된다. 소비자들이 더 선호하는 제품을 만들 수 있는 다른 기업들이 존재하지 않으면 그 독점자원으로 생산하는 기업은 하나만 존재하여 독점이 된다. 따라서 독점자원이 존재하더라도 재화의 공급은 소비자의 선호에 따라서 독점이 될 수도 있고 경쟁이 될 수도 있다. 그러므로 자원의 독점으로 재화가 독점적으로 공급되더라도 그것은 소비자선호의 결과이다.

또한 잠재적 라이벌 기업가가 자원의 새로운 출처를 탐색하고 채취하여 이용할 경우 이윤을 획득할 수 있다고 예상하면 그 기업가는 그런 행위를 할 것이다.[10] 이윤을 획득할 수 없다고 예상하면 자원의 탐색 및 채취를 하지 않을 것이다. 예를 들면, 어느 온천장이 독점이윤을 획득할 경우, 잠재적 기업가는 새로운 온천을 발굴하여 새로운 온천장을 개장함으로써 이윤을 얻을 수 있다고 예상하면 그런 행위를 할 것이고 손실을 볼 것으로 예상하면 하지 않을 것이다. 이윤

10) Armentano : 9−10 참조.

의 획득 여부는 소비자의 선호에 달려 있다. 따라서 역시 소비자의 선호에 의해 재화공급은 독점이 될 수도 있고 경쟁이 될 수도 있다. 그러므로 자원의 독점으로 재화가 독점적으로 공급되더라도 그것은 소비자선호의 결과이다.

더구나 동질적인 재화만 경쟁을 하는 것이 아니라 유사한 재화 심지어는 모든 재화와 경쟁한다. 왜냐하면 모든 재화가 대체재이기 때문이다.[11] 따라서 자원의 독점으로 재화가 독점적으로 생산되더라도 그 재화는 경쟁을 피할 수 없고, 그 독점자원도 효율적으로 이용된다. 만약 독점자원으로 만든 재화의 가격이 상승하면 소비자는 대체재를 이용하여 수요를 탄력적으로 만들 수 있다. 그런데도 그가 높은 가격에 그 재화를 구입한다면 그는 그 재화에 대해 탄력적인 수요보다 비탄력적인 수요를 선호하는 것이다. 따라서 독점기업은 그 수요에 부응하여 재화를 덜 생산하고 그에 따라 독점자원량이 덜 이용될 뿐이다. 소비자들이 그 높은 가격에 반응하여 대체재를 대량 구입함으로써 그 재화에 대한 수요를 탄력적으로 변화시키면 재화의 가격은 낮아지고 생산량은 증가한다. 그에 따라 독점자원의 사용량은 증가된다. 따라서 자원의 독점으로 재화가 독점적으로 생산되더라도 자

11) 4장 참조.

원은 소비자의 선호에 부응하도록 이용된다. 소비자의 선호를 침해하는 해로운 효과를 초래하지 않는다.[12)]

이와 같이 자원의 독점으로 생산물이 독점적으로 공급되더라도 그것은 소비자선호의 결과이므로 소비자후생을 악화시키지 않으며, 그 자원도 역시 소비자선호에 부응하도록 이용되므로 비효율적인 자원배분을 초래하지 않는다.

5. 4 자유시장에서 독점은 소비자선호를 충족한 결과이다!

이상에서 본 바와 같이, 자유시장에서 독점은 소비자선호를 충족하기 위한 경쟁의 결과로 발생한 것이다. 소비자들은 가격이 저렴하거나 질과 서비스 등이 좋은 매력적인 재화를 선호한다. 따라서 기업들은 구매자에게 경쟁상대보다 더 매력적인 대체물을 제공하기 위해 노력한다. 매력적인 대체물을 제공하기 위해 규모의 경제, 제품차별화를 추구하는 것이다. 가격, 품질, 서비스 등으로 경쟁을 하는 것이다. 이런 경쟁과정을 통해 소비자선호가 충족된다. 따라서 그런 경쟁과정을 통해서 독점이 발생하더라도 그것은 소비자선호를 충족하는 것이다. 또한 자원의 독점으로 생산물이 독점적으

12) Armentano : 9-10 참조.

로 공급되더라도(반드시 독점공급이 이루어지는 것은 아니지만) 그것 역시 소비자선호의 결과이므로 소비자후생을 악화시키지 않으며, 그 자원도 역시 소비자선호에 부응하도록 이용되므로 비효율적인 자원배분을 초래하지 않는다.

또한 독점으로 가격이 반드시 상승하는 것도 아니다. 규모의 경제 등 비용우위로 인한 진입장벽이 발생할 때는 오히려 가격이 하락한다. 제품차별화를 선호하는 경우처럼 수요가 비탄력적일 경우에만 가격이 상승한다. 이런 가격상승은 소비자선호를 충족한 결과이다.

또한 그런 독점이 발생한 후에도 독점력을 이용하여 더 높은 가격을 설정할 수 없다. 가격이 상승하면 한편으로는 소비자가 다른 재화로 대체함으로써 수요를 탄력적으로 변화시킬 수 있고, 다른 한편으로는 도태된 기업이나 새로운 기업이 진입할 수 있기 때문이다.

따라서 자유시장에서 발생하는 독점은 소비자선호를 충족시키기 때문에 소비자후생과 자원배분을 악화시키는 것이 아니다. 결코 사악한 것이 아니다. 또한 자유시장에서는 잠재적 기업가가 항상 존재하고, 어떤 재화도 다른 재화와 경쟁을 하기 때문에 자유시장에서의 독점현상은 경쟁과정의 일시적인 현상일 뿐이다.

그러므로 자유시장에서 발생한 독점을 규제하는 것은 오히려 소비자선호가 충족되지 않으므로 소비자후생의 악화와 비효율적인 자원배분을 초래한다. 따라서 소비자선호를 충족하기 위한 기업들간의 가격경쟁, 품질경쟁 등 실질적인 경쟁으로 인한 독점은 규제해서는 안 된다.

오히려 이런 실질적인 경쟁행위를 방해하는 국가간섭과 그로 인한 독점은 소비자선호를 충족시키지 않는다. 이런 국가간섭에 의한 독점에 대해 다음 장에서 상세히 분석한다.

06 국가간섭에 의한 독점은 선(善)인가?

법률적 진입장벽은 국가(정부)가 어떤 집단에게만 생산과 판매에 대한 특권을 법률적으로 부여하는 것이다. 정부가 법률적 진입장벽을 구축하면 배제된 생산자와 판매자는 진입할 수 없으므로 독점이 된다. 이것이 라스바드가 지적하는 전형적인 독점이다. 법률적 진입장벽은 정부가 특정 집단에게 특권을 부여함으로써 소비자와 배제된 생산자들에게 피해를 준다. 그런데도 불구하고 정부는 법률적으로 진입장벽을 구축하고 있다. 정부와 주류경제학자들은 이런 진입장벽을 구축하는 목적이 특정 집단에게 특권을 부여하는 것이 아니라, 과잉투자 방지, 과잉경쟁 방지, 경쟁의 보호, 양질의 재화나 서비스의 제공 등을 위한 것이라고 한다. 과연 그들의 논리가 올바른 것인지를 확인하기 위해 법률적 진입장벽의 효과를 분석해 보자.

6.1 과잉투자 방지

과잉투자로 도태된 기업들의 시설이 낭비될 수 있으므로, 그런 낭비를 방지하기 위해 정부가 효율적이라고 평가한 기업들만 투자하도록 규제하는 것을 볼 수 있다. 이 규제는 타 기업의 진입을 원천적으로 봉쇄하는 것이다. 이런 진입장벽의 효과를 살펴보자.

우선 유휴상태가 될 시설에 투자한다는 측면에서 낭비라고 할 수도 있을 것이다. 하지만 다음과 같은 이유로 이것은 낭비가 아니다.[1] 유휴시설이 존재하지 않을 만큼 투자가 이루어지려면 우리는 완전한 정보를 갖고 있어야 한다. 그런데 우리는 완전한 정보를 갖고 있을 수 없다. 따라서 우리는 사전에 어느 누구도 적절한 시설을 알 수 없고, 다만 경쟁의 결과 유휴시설이 존재함으로써 과잉설비를 확인할 수 있을 뿐이다. 따라서 과잉설비는 현실에서 피할 수 없는 것이다. 그것을 사전에 막을 수 있는 방법은 존재하지 않는다. 그러므로 과잉설비는 낭비가 아니다.

1) Rothbard : 746-8 참조.

정부가 과잉투자를 막기 위해 효율적이라고 판단하는 기업들에게 생산 및 투자의 특권을 부여한다고 하지만 어느 기업이 효율적인 기업인지는 기업 자신들도 모르는데 하물며 정부가 판단할 수 있는 것이 아니다. 그것은 오로지 시장을 통해서만 알 수 있다. 자유시장에서 이윤을 획득하는 기업은 효율적인 기업이고 손실을 보는 기업이 비효율적인 것이다. 이윤을 얻는 기업은 소비자의 선호를 충족시키는 기업인 반면에 손실을 보는 기업은 소비자의 선호를 충족시키지 못하는 기업이기 때문이다.[2] 그런데도 불구하고 정부의 자의적인 판단으로 일부기업에게 특권을 부여하는 것은 보다 효율적인 기업을 배제함으로써 소비자들의 선호를 침해하고 그들에게 독점이득을 제공하는 것이다.

과잉설비는 피할 수 없는 것이므로 '과잉투자'라는 것은 의미가 없다. 투자는 그 자체로서 의미를 가질 뿐이다. 과잉투자라는 표현은 자유경쟁과정에서 도태될 가능성이 높은 기업들과 그리고 잠재적인 경쟁자를 배제하려는 기존의 효율적인 기업들이 경쟁을 종식시키고 정부의 규제나 통제를 이끌어 내기 위해 사용되는 표현에 불과하다. 정부가 법률적으로 특권화를 부여함으로써 적절한 설비를 구축할 수 있다

2) 4장 참조.

는 것은 헛된 망상에 불과하다.

한편 투자로 인해 유휴시설이 존재할 때, 그것을 이용하지 않는 것은 낭비이므로 그 시설을 이용하도록 정책을 실시해야 한다는 주장이 있다. 하지만 그 주장은 문제가 있다.[3] 그 시설들이 이용되지 않고 있다는 측면에서는 분명히 낭비인 것처럼 보인다. 하지만 그 시설을 사용하기 위해서는 인력과 자원들이 소요된다. 그 인력과 자원들은 다른 생산부문으로부터 이동되어야 한다. 그 결과 다른 부문의 생산이 감소될 것이다. 타 부문의 생산 감소에 따른 포기된 가치는 이 부문의 생산 증가에 따른 가치보다 분명히 크다. 자유시장에서 그 인력과 자원이 그 부문에 고용되고 있다는 것은 그 부문의 이윤이 크고, 결과적으로 그 요소들의 소득이 크다는 것을 의미한다. 이윤이 크다는 것은 앞에서 논의한 것처럼 소비자가 그 부문을 이 부문보다 상대적으로 선호한 결과이며, 그 부분의 가치가 큰 것이다. 그러므로 이 부문의 유휴시설을 이용하기 위해 타 부문의 요소들을 이전함으로써 얻는 가치는 그로 인해 포기한 가치보다 작다. 따라서 경쟁의 결과로 유휴시설이 존재하더라도 그것을 그대로 두는 것은 실제로 낭비가 아니다. 이런 점에서, 자유시장에서 유휴시설이

---

3) Rothbard : 746-8 참조.

존재할 때, 그것이 이용되도록 강제하는 정책은 오히려 비효율적인 자원배분을 초래하는 것이다.[4)]

6.2 과당경쟁 방지 : 약탈적 가격설정(덤핑) 방지

통상적으로 과당경쟁이라는 것은 경쟁이 도를 지나쳐서 행해지는 상태를 말한다. 주류경제학은 이 지나친 경쟁과정에서 자금력이 풍부한 기업들이 심지어 손실을 보면서까지 가격을 인하시켜 다수의 경쟁자들을 도태시키고 독점적 지위를 획득하게 된다고 주장한다. 이런 가격인하를 학술적 용어로는 약탈적 가격설정이라 하고 통상적인 용어로는 덤핑이라고 한다. 이와 같이 자금력을 이용한 약탈적 가격설정은 타 기업의 진입을 실질적으로 방해하므로 진입장벽을 형성한다고 주장하고 있다.

그러나 이런 진입장벽이 형성되는 것은 기업이 약탈적 가격설정을 시도하기 때문이 아니다. 소비자가 선호하기 때문이다.[5)] 그 이유는 다음과 같다. 만약 소비자들이 약탈적 행위를 하는 기업의 저렴한 제품을 구입하지 않고 상대적으

---

4) 마찬가지로 나대지 등 유휴토지를 이용하도록 강요하는 정책은 비효율적인 자원배분을 초래한다는 점을 시사하고 있다.

5) Rothbard : 794 참조.

로 비싼 제품을 구입한다면, 약탈적 가격설정은 진입장벽으로 작용하지 않는다. 그러므로 약탈적 가격설정이 진입장벽으로 작용하는 것은 소비자가 저렴한 제품을 선호하기 때문이다. 따라서 약탈적 가격설정으로 인한 진입장벽과 독점은 소비자의 선호를 충족시키는 것이다. 또한 약탈적 가격설정으로 인한 진입장벽과 독점은 경쟁을 배제하는 것이 아니라 소비자의 선호를 충족하기 위한 경쟁의 결과라는 것도 알 수 있다.

그러나 과당경쟁, 즉 약탈적 가격설정으로 독점적 지위를 얻게 되면 더 높은 독점가격을 다시 시행할 것이 아닌가? 그렇지 않다.[6] 한 석유업계 종사자인 록펠러가 표현하듯이 "약탈적 가격설정은 앉아 있을 마른 땅을 구하려고 마치 바다를 쓸어내려고 노력하는 것과 같다."[7] 축출된 경쟁자들은 결코 겁을 먹지 않으며, 유일한 시장점유자가 손실을 만회하기 위해 이전의 가격으로 회복시키면 즉시 들어와 손실을 만회할 틈도 주지 않는다. 따라서 승자인 독점기업은 더 높은 독점가격을 시행할 수 없다.

이와 같이 약탈적 가격을 설정하면 해당기업이 손실을

6) Rothbard : 792-7 참조.

7) Rothbard : 796 참조.

보게 되므로, 비록 그런 가격을 설정하는 과오를 범하더라도 손실을 입지 않는 가격으로 수정할 것이다. 또한 이런 경험에 의해 약탈적 가격은 설정하지 않을 것이다. 그러므로 자금력이 우수한 기업도 비용우위가 있는 만큼 가격을 낮출 수 있다. 만약 경쟁자들보다 비용우위가 없다면 타 기업을 도태시킬 수 없다. 따라서 비용우위에 있는 기업만이 타 기업을 도태시킬 수 있다. 비용우위에 입각한 경쟁력으로 독점이 될 경우, 낮은 가격의 유지로 소비자의 선호를 충족하고 비효율적인 기업의 도태로 효율적인 자원배분을 초래하는 것이다.

한편 약탈적 경쟁이 일어나고 있는지 그렇지 않는지를 결정할 수 없다.[8] 즉, 약탈적 경쟁을 규정할 기준이 존재하지 않는다. 주류경제학에서 제시된 대표적 기준은 '비용 이하 판매'이다. 정확하게 표현하면 '가변비용' 이하 판매이다. 가변비용이란 생산량이 변함에 따라 변하는 비용이고, 반면 '고정비용'은 생산량이 변하더라도 변하지 않고 고정된 비용이다. 고정비용의 예로서 시설투자비용, 공장 및 사업장 임대료 등이다. 재료비, 인건비 등이 가변비용이다. 인건비 중 생산량에 관계없이 지급되는 것은 고정비용이다. 기업은 손해를 보더라도 판매수입이 가변비용을 충당하면 생산하는

8) Rothbard : 798-9 참조.

것이 조업을 중단하는 것보다 손실을 감소시킬 수 있으므로 생산하여 판매한다.[9] 고정비용은 이미 지출된 것으로서 매몰비용[10]이기 때문이다. 매몰비용은 의사결정시 고려하지 않는다. 따라서 고정비용은 고려하지 않고 가변비용만 고려한다. 그러므로 주류경제학은 가변비용 이하의 판매를 약탈적 경쟁의 기준으로 한다. 하지만 4장에서 언급한 바와 같이, 판매가격을 결정할 때 생산비용은 이미 지출된 비용으로서 매몰비용이다. 따라서 생산에 소요된 가변비용도 판매시점에서는 매몰비용이 된다. 단지 판매에 소요될 가변비용만 매몰비용이 아니다. 판매에 소요되는 가변비용은 매우 작다. 판매에 소요되는 비용 중 대부분이 고정비용이기 때문이다. 따라서 판매시점에 고려되는 비용은 아주 작거나 거의 없다고 봐도 무방하다. 그러므로 이미 생산된 상품은 어느 생산자도 판매에 소요되는 가변비용보다 높으면 판다. 즉 거의 0에 가까운 가격에서도 판매한다. 그 가격에 판매하는 것이 하지 않는 것보다 그들에게 득이 되기 때문이다. 그러므로 가격인하가 약탈적 경쟁 때문인지 아니면 더 높은 가격으로 상품을 처분할 수 없기 때문인지 알 수 없다. 외부관찰자가 이 두 요

---

9) (수입 > 가변비용)이라는 조건을 조업조건이라 한다.

10) 4장 주 7) 참조.

소를 구분하는 것은 불가능하다. 아울러 위에서 언급한 것처럼 독점적 지위를 얻기 위해 약탈적 가격을 설정한다면 그들은 손실을 복구할 수 없으므로 그런 의도로 가격을 인하할 가능성은 매우 낮다. 물론 이런 결과를 인식하지 못하고 어리석게 아주 낮은 약탈적 가격을 설정하는 기업이 있을 수도 있다. 그러나 그 가격은 곧 붕괴되고 상승될 것이다. 이런 결과를 현실의 대부분 기업들이 인식하고 있으므로 약탈적 가격을 설정하는 우를 범하지 않는다. 그러므로 손실을 보면서 가격을 인하하는 것은 거의 대부분 더 높은 가격으로 상품을 처분할 수 없기 때문이다.

이와 같이 경쟁이 약탈적인지 아닌지에 대한 기준이 있는 것이 아니다. 현실에서 약탈적 경쟁으로 보이는 거의 대부분은 더 높은 가격으로 상품을 처분할 수 없기 때문에 어쩔 수 없이 가격을 그 정도로 아주 낮게 제시하는 것이다. 그러므로 과당경쟁, 즉 약탈적 경쟁이라는 표현은 도태될 가능성이 높은 기업들이 경쟁을 종식시키고 정부의 규제나 통제를 이끌어 내기 위해 사용되는 표현에 불과하다. 따라서 과당경쟁을 방지하는 것은 오히려 비효율적인 기업을 생존하게 함으로써 소비자의 선호를 침해한다.

6.3 경쟁의 보호와 경쟁자의 보호

정부는 영세업자를 보호하여 경쟁을 유지한다는 미명 아래 대기업의 진입을 규제하는 것을 볼 수 있다. 대기업이 진입하면 경쟁력인 낮은 영세기업들이 도태되고 대기업들이 독점적 지위를 획득하게 된다는 것이다. 그러나 이것은 경쟁력이 낮은 비효율적인 기업들을 보호하는 것이다. 다시 말하면 경쟁을 보호하는 것이 아니라 비효율적인 경쟁자를 보호하는 것이다. 그로 인해 소비자의 선호는 침해된다. 자유시장에서 영세업자들이 도태된 것은 대기업의 진입으로 인한 것이 아니라 소비자들이 그들을 도태시킨 것이다. 소비자들이 질이 낮거나 가격이 비싼 영세업체의 상품을 구입한다면 영세업체가 도산되지 않는다. 그러므로 영세업체가 도태되는 것에 대해 비난을 하려면 그 대상자는 대기업이 아니라 바로 우리 자신인 소비자이다.

물론 영세업자들이 도태되면 그들이 삶의 터전을 잃게 되므로 보호해야 한다고 주장할 수도 있다. 그러나 그로 인한 피해자는 소비자들이다. 그들을 보호해야 할 것인지의 결정은 소비자들이 해야 할 것이다. 소비자들이 동의하여 그런 결정이 이루어진다면 문제가 될 수 없다. 그러나 소비자의 의견은 무시된 채, 비효율적인 생산자와 정부 간의 합의에 의해 그런 규제가 이루어진다는 것은 문제가 있다. 그런 규제가 없더라도 소비자가 영세업체를 도우려면 가격이 높거나 품질이 떨어지는 영세업체의 제품을 구입하면 된다. 그러나 소비자들이 그렇게 행동을 하지 않는다는 것은 소비자들이 그들의 제품을 원하지 않는 것이다. 우리 자신인 소비자들을 비난할 것인가? 영세업자들도 생산자인 동시에 소비자이다. 그들도 다른 물건을 구입할 때 양질의 제품이나 저렴한 가격으로 구입하는 것을 원하지 않는가? 생산자일 때와 소비자일 때의 행동이 다르다면 이율배반적이지 않는가? 남이 하면 불륜이고 자기가 하면 로맨스인가?

그러므로 대기업의 진입을 억제하는 법(예를 들면 SSM 법 등)을 제정하는 것은 소비자의 선호를 침해하는 것이다. 이런 점에서 그런 법을 제정할지 여부는 소비자가 결정할 권리인 것으로 사료된다. 더구나 소비자가 그들을 도와주고 싶다면 그러한 법의 제정이 아니라 소비자가 가격이 높거나 품질이 떨어지는 영세업체의 제품을 구입하면 되는 것이 아닌가!

삶의 터전을 잃는다는 주장을 검토해 보자. 이런 주장의 토대에는 시장에서의 경쟁이 마치 동물세계의 경쟁처럼 적자생존의 법칙이 적용되고 있다고 간주되기 때문이다. 시장의 경쟁은 '선별과정'이지 도태과정이 아니다.[11] 시장경쟁은 사회분업체계하에서 자신들이 잘할 수 있는 위치를 찾아가게 하는 장치인 것이다. 어떤 분야에서 도태되었다고 다른 분야에서도 도태되는 것은 아니다.

효율적인 생산자는 저렴한 상품이나 양질의 상품을 제공하는 자이다. 경쟁과정에서 소비자들은 저렴한 상품이나 양질의 상품을 제공하는 자를 선호하므로 효율적인 생산자는 그 분야에서 살아남고 비효율적인 생산자는 도태된다. 하지만 동물세계의 경쟁과 달리 완전히 도태되는 것이 아니라 보다 효율적인 위치로 찾아가도록 한다. 왜냐하면, 시장경제는 아래에서 설명될 비교우위의 원리에 입각하여 자급자족이 아니라 상품생산이 지배적인 분업구조이기 때문이다. 시장에서 자유로운 경쟁을 통해서 소비자들이 각 생산자들의 분업의 위치를 지휘하게 된다. 어떤 분야에서 소비자들의 구매를 통해서 이득을 보는 생산자, 즉 효율적인 생산자는 그 분야에서 생산을 하고, 그 분야가 분업구조하의 자신의 위치이다. 도태된 생산자는 다른 분야에 도전을 하여 살아남는다면 그 새로운 분야가 자신의 위치가 되고, 그곳에서도 도태

11) Mises : 549-60 참조.

된다면 또 다른 분야에 도전을 한다. 이와 같이 시장과정의 경쟁을 통해서 자신들을 위치를 찾아간다.

우리 인간들은 제각기 다른 능력을 타고난다. 심지어 쌍둥이조차도 그 능력이 다르다. 또한 전 세계에 걸쳐 자연자원도 불균등하게 분포되어 있다. 그 결과 자원을 이용할 수 있는 기회가 인간들마다 다르다. 이런 연유로 우리들 대부분은 특정 분야에 뛰어난 생산능력을 가지고 있다고 할 수 있다. 그래서 특정 상품에 대해 생산은 다음과 같이 이루어진다. 그 상품에 대해 가장 효율적인 생산자가 가장 먼저 생산과정에 투입되고 수요가 증가함에 따라 그 다음 효율적인 생산자가 투입된다. 수요가 증가함에 따라 한 생산자가 그 수요를 모두 감당할 수 없다. 왜냐하면, 생산규모가 늘어나면 어느 정도 이후에는 평균비용이 증가하기 때문이다. 그 결과 특정 분야에서는 그 부문에 뛰어난 능력을 가진 자들끼리 경쟁을 한다. 프로야구 선수는 야구 능력이 뛰어난 선수들 중에서 선발된다. 선발되지 못한 선수들은 심판이나 아마야구 코치들로 야구계에 종사하게 되거나 전혀 다른 분야에 종사하게 된다. 전혀 다른 분야에서 그들의 또 다른 능력을 발휘할 수 있기 때문이다. 이처럼 자유시장체제에서는 시장과정의 경쟁을 통해서 자신들의 위치를 찾아간다.

하지만 모든 부문에 효율적인 자나 비효율적인 자들이 존재하게 되면 비효율적인 자들은 동물세계와 같이 도태되어 분업체제가 유지되는 것이 아니지 않는가라는 의문이 발생할 수 있다. 이런 의문에 대한 답변이 리카도에 의해 제시된 비교우위 원리이다. 리카도의 비교우위 원리는 다음과 같이 요약할 수 있다. 모든 부문의 효율적인 자도 모든 부문의 비효율적인 자와 협력을 하면 자신이 모든 부문을 생산할 때보다 더 나은 결과를 초래한다. 그러므로 이 원리에 입각하면 모든 부문의 비효율적인 자도 도태되지 않는다. 그 원리를 좀 더 상세하게 설명하면 다음과 같다.

유명한 골프 선수인 타이거 우즈가 골프뿐만 아니라 잔디 깎기에서도 최고의 능력을 가지고 있더라도, 자신이 직접 자신의 정원에 잔디 깎기를 하는 것보다 자신보다 열등한 정원사에게 의뢰하는 것이 자신에게 더 높은 소득을 초래한다는 것이다. 만약 타이거 우즈가 잔디 깎기를 하는 시간에 골프시합, 골프연습 또는 광고출연을 했더라면 획득할 소득은 굉장히 높을 것이다. 정원사에게 지급하는 소득은 그 보다 낮을 것이다. 왜냐하면, 정원사가 다른 집의 잔디 깎기나 다른 일을 했더라면 획득할 수 있는 소득이 낮기 때문이다. 따라서 타이거 우즈가 정원사에게 잔디 깎기를 의뢰하면 잔디를 깎는 데 시간이 더 소요될 것이지만, 그가 획득하는 소득은 자신이 직접 잔디 깎기를 하는 경우에 비해 더 높게 된다. 물론 타이거 우즈가 잔디 깎기를 통해 획득하는 정신적 만족이 그 시간에 획득하는 소득보다 더 큰 만족을 얻을 경우 그 자신이 직접 잔디를 깎을 것이다. 그런 특별한 경우를 제외하고는 모든 부문에 우월한 타이거 우즈도 모든 부문에 열등한 정원사와 협력하는 것이 더 나은 결과를 초래한다. 그 결과, 그 열등한 정원사도 도태되는 것이 아니다. 이와 같이 모든 부문에 효율적인 자나 비효율적인 자들이 존재하더라도 비효율적인 자들은 동물세계와 같이 도태되지 않고 협력을 하면서 분업체제가 유지되는 것이다.

이것을 비교우위의 원리라고 하는 이유는 다음과 같다. 앞의 예에서 타이거 우즈는 골프와 잔디 깎기에서 모두 다 정원사에 비해 우월한 능력을 갖고 있다. 여기에서 우월한 능력을 갖는다는 것은 똑 같은 시간과 노력 혹은 노동으로 더 많은 생산 혹은 효과를 거둘 수 있다는 것을 의미한다. 이런 경우 생산성(즉, 생산능력)이 높다고 하며, 경제학자들은 이것을 절대우위가 있다고 한다. 생산성이 낮을 경우 절대열위에 있다고 한다. 그러므로 타이거 우즈는 골프와 잔디 깎기 두 부문 모두 절대우위자인 반면, 정원사는 두 부문 모두 절대열위자이다.

한편 생산성이 높은 생산자는 똑 같은 효과를 낳기 위해 보다 적은 시간과 노력 혹은 노동으로도 가능하다는 것을 의미한다. 결국 생산성이 높다는 것은 생산단위당 투입되는 요소의 양이 적은 것이다. 따라서 생산성이 높은 생산자는 소비자들에게 더 낮은 가격을 제시할 수 있다. 그러므로 생산성이 낮은 절대열위자는 도태될 수 있다고 생각할 수 있다.

그러나 앞에서 본 바와 같이 타이거 우즈는 잔디 깎기에 절대우위자이지만, 자신을 고용하지 않고 절대열위자인 정원사를 고용한다. 이것은 그가 잔디 깎기에 있어 진정한 우위자가 아니라 열위자이며, 오히려 정원사가 진정한 우위자라는 것을 시사하고 있다. 그렇다면 왜 정원사가 진정한 우위자가 될까?

앞의 예에서 우즈가 잔디 깎기를 함으로써 포기되는 것이 정원사가 잔디 깎기를 함으로써 포기되는 소득에 비해 높았다. 다시 말해 잔디 깎기에 있어 정원사의 포기되는 소득이 우즈에 비해 낮았다. 이것은 정원사가 잔디 깎기에 있어 포기되는 소득이 낮다는 점에서 우위가 있다는 것을 의미한다. 이와 같이 무엇을 함으로써 포기되는 가치를 경제학적 용어로 기회비용[12]이라고 한다. 정원사는 잔디 깎기에 있어 기회비용으로 비교하여 우위가 있고 우즈는 열위에 있는 것이다. 잔디 깎기에 있어 정원사는 비교우위에, 우즈는 비교열위에 있다. 골프에는 우즈가 비교우위에, 정원사는 비교열위에 있는 것이다. 정원사는 골프와 잔디 깎기 모든 부문에 절대열위자이지만 잔디 깎기에 있어서는 비교우위자이다. 우즈는 골프와 잔디 깎기 모든 부문에 절대우위자이지만 잔디 깎기에 있어서는 비교열위자이다. 모든 부문에 절대우위자든 열위자든 관계없이 어느 누구도 반드시 비교우위 분야가 있다. 그러므로 모든 부문에 절대열위자도 도태되지 않는다. 이와 같이 모든 분야의 절대열위자도 반드시 어느 부문에 비교우위를 지니고, 모든 분야의 절대우위자도 반드시 한 부문을 제외한 여타 부문들에 비교열위를 지니고 있으므로, 비교우위에 있는 부문에 각자가 종사하는 협력적인 분업체제를 이룬다는 것이 비교우위 원리이다. 기회비용을 비교하여 생산이 이루어진다는 의미를 강조하기 위해 비교우위라는 용어를 사용하는 것이다. 생산은 생산성에 입각하여 이루어지

12) 기회비용에 관해 자세한 것은 부록 1을 참조하시오. 가치는 소득으로 평가되는 것은 아니지만 어떤 일 자체에 대한 즐거움, 괴로움 등 다른 조건이 같을 경우 소득으로 평가할 수 있다.

는 것이 아니라 기회비용에 입각하여 이루어지는 것이다.

비교우위의 원리로부터 효율적인 생산자는 반드시 생산성이 높은 사람이 아니라 기회비용이 낮은 사람이라는 것을 알 수 있다. 우즈는 정원사에 비해 잔디 깎기에 있어 생산성은 높지만 기회비용이 높다. 만약 그가 잔디 깎기에 종사한다면 그로 인해 우리는 보다 높은 질의 골프경기를 포기하게 된다. 포기하는 그 질의 가치는 정원사가 잔디 깎기를 함으로써 포기하는 가치보다 분명히 크다. 왜냐하면, 우즈는 그 시간에 얻을 수 있는 소득이 정원사에게 지급하는 소득보다 크기 때문이다. 각자의 소득은 최소한 자신의 기회비용과 일치한다. 기회비용만큼 소득을 획득하지 못하면 다른 부문에 종사함으로써 더 큰 소득을 획득할 수 있기 때문이다. 이와 같이 효율적인 생산자는 생산성이 높은 생산자가 아니라 기회비용이 낮은 생산자이다. 따라서 모든 부문에 비효율적인 자는 존재하지 않고 어느 누구도 반드시 비교우위를 갖는 효율적인 부문이 존재하므로 시장경제에서는 동물세계처럼 도태되는 것이 아니다.

우리 인간들은 다양하게 태어난다. 어떤 사람은 사업을 잘하고, 어떤 사람은 농사를 잘 짓고, 어떤 사람은 공부를 잘하고, 어떤 사람은 음악과 미술 등 예능에 뛰어나고, 어떤 사람은 운동을 잘한다. 그러므로 우리들 대부분 각자는 한 가지의 특기, 즉 우즈의 골프처럼 절대우위성을 지닌 비교우위를 지니고 있다. 또한 소비자들의 선호도 다양하다. 같은 국수라도 어떤 사람은 면발이 꼬들꼬들한 것을 좋아하고 어떤 사람은 부드러운 것을 좋아하고, 매운 것을 좋아하는 사람도 있고, 신 것을 좋아하는 사람도 있다. 매일 밥만 먹는 것도 아니다. 따라서 누구든지 고객들의 선호에 맞추어 자신들의 특기를 발휘할 수가 있다. 물론 정원사의 잔디 깎기처럼 절대열위성을 지닌 비교우위자들도 있다. 절대우위성을 지닌 비교우위자가 그들과 협력을 요청한다. 그러므로 자유시장경제에서는 영세업체를 비롯한 비효율적인 자가 도태되어 삶의 터전을 잃는 것이 아니다.

그러나 현실에서는 다른 부문으로 진입과 전직이 원활한 것이 아니어서 만성적인 실업이 얼마나 많은가라고 반문을 할 수 있다. 하지만 진입 및 전직의 어려움과 그에 따른 만성적인 실업의 존재는 자유시장경제의 고유한 특성이 아니다. 그 원인은 현재 시행되고 있는 정부의 규제와 노조의 정책에 있다. 물론 정부의 규제와 노조가 필요 없다는 것이 아니다. 정부는 개인의 신체와 사유재산을 침해하는 것에 대해서는 철저히 규제를 해야 한다. 노조도 노동자들의 권리를 침해하는 행위에 대해 보호하는 역할을 해야 하는 것이다. 시장임금보다 높은 임금을 받는 것이 노동자 권리를 보호하는 것이 아니다. 그로 인해 다수의 근로자들이 실직을 당하거나 새로운 일자리를 제거하기 때문이다. 오히려 근로자의 인권 침해에 대한 대응책, 작업 중 부상의 위험과 오염물질 등으로 인한 건강의 훼손 등에 대한 위험을 방지하기 위한 방책이나 부상자나 건강상실자에 대한 방책 등이 근로자의 권리를 보호하는 것이다.

하지만 현재의 정부 규제와 노조의 정책들 중 상당수가 그렇지 못하다는 것이다. 그리고 그러한 규제와 정책의 토대는 케인즈류와 마르크스류의 경제논리이다. 이에 대한 자세한 분석은 또 다른 주제로 다루어서 출간할 예정이다. 케인즈류와 마르크스류의 경제논리에 대한 종합적인 비판이 요구되기 때문이다. 단지 여기서는 그 분석의 결론을 언급하는 것으로 갈음한다. 자유시장경제에서는 진입과 전직의 길이 항상 열려 있고, 자발적 실업만 존재하고 비자발적 실업은 일시적으로 존재할 뿐 만성적으로 존재하지 않는다.[13] 다

13) 자발적 실업이란 자발적으로 실업상태에 있는 것이다. 반면 비자발적 실업은 현 임금 수준에서 일자리를 원하는 데도 불구하고 실업상태에 있는 것을 말한다. 우리가 보통 실업이라고 한다면 비자발적 실업을 의미한다.

만 노조의 임금교섭과 정부의 최저임금제에 대한 효과는 간략하게 9장에서 다룬다.

6.4 면 허 제

한편 양질의 서비스를 제공한다는 목적으로 정부가 면허제를 시행한다. 변호사와 판검사 같은 법조인이 되는 자격을 부여하거나, 의사나 약사 같은 의료인이 되는 자격을 부여하는 등 여러 가지 자격증이 여기에 해당된다. 면허제는 실질적으로 정부가 부여하는 진입장벽으로 독점이다. 면허제는 일견 양질의 서비스를 제공하도록 함으로써 소비자의 선호를 충족시키는 것으로 보인다. 이런 면허제가 원래의 목적을 달성시키는 것인지를 살펴보자.

최근 로스쿨의 정원에 대해 각 대학들은 적어도 3,000명이 되어야 한다고 주장을 하는 반면, 법조인들은 1,000명으로 제한해야 한다고 주장했다. 법조인들이 그런 주장을 하는 이유를 보면, 법조인이 너무 많으면 저질의 변호사들이 나타나게 되어 고객들에게 양질의 변호서비스를 제공하지 못한다는 것이다. 뿐만 아니라 심지어 다급한 피의자들을 현혹시켜 높은 수임료만 챙기고 기대한 성과를 발휘할 수 없는 사기꾼 같은 변호사들이 등장한다는 것이다. 그러나 양질의 법조인을 배출하는 것과 법조인의 수와는 밀접한 관계가 없다. 양질의 법조인을 배출하기 위해서는 그에 해당하는 자질을 가진 사람들만 선발하면 될 것이다. 예를 들면 예년과 같은 난이도에서 기준점수를 획득하는 자들만 선발하면 될 것이다. 그럴 경우에 배출되는 법조인이 늘어날 수도 있고 감소할 수도 있다. 실제로 그들이 우려하는 것은 배출되는 법조인의 수가 증가할 경우 그들의 소득이 줄어들 가능성이 있기 때문이다. 법조인이 늘어나면 변호사가 필요한 시민들은 전에 비해 더 낮은 수임료로 양질의 서비스를 받을 수 있다. 기득권자인 기존의 법조인들은 진입장벽으로 독점이득을 계속 누리려고 하는 것이다. 만약 정부가 법조인들의 요구대로 배출되는 법조인의 수를 제약한다면 소비자의 선호를 무시하는 진입장벽을 설정하는 것이다. 법조인의 수는 그들이 정하는 것이 아니라 소비자의 선호에 부합하도록 결정되어야 할 것이다. 심지어 최근에 배출된 어느 법조인들이 6급 공무원으로 진출하는 것을 두고 법조인의 명예를 실추하는 행동으로 비난을 하며, 정부에 법조인을 채용할 경우 최소한 그 보다 더 높은 직급을 부여해야 한다는 식으로 압박하고 있다. 왜 법조인들은 최소한의 직급이 부여되어야 하는가? 자유민주주의 및 자유시장경제 시대에 그들은 아직도 전근대적인 계급의식을 버리지 못하고 있는 것 같다. 그들의 부와 명예를 결정하는 것은 그들 자신이 아니라 소비자, 즉 국민들이라는 것을 모르는 것일까? 알면서도 권력으로서 억압하려는 것인가?

이상에서 본 바와 같이 현행 시행되고 있는 면허제 중 다수가 양질의 서비스 제공이라는 원래의 의도를 충족시키지 못하고 있다. 물론 현행대로 시행되면 양질의 서비스는 제공될 것이다. 하지만 양질의 서비스에 대해 높은 가격을 지불해야 한다. 소비자들은 양질의 서비스를 저렴한 가격으로 제공받을 수 있으면 이것을 더 선호한다. 따라서 양질의 서비스를 저렴한 가격으로 제공받을 수 있도록 하는 것이 소비자가 선호하는 면허제이다.

그러므로 소비자의 선호를 충족하는 효과를 달성하기 위해서는 면허제는 자질을 갖춘 사람을 선발하는 데 초점을 두고 운영되어야 할 것이다. 기득권의 이득을 위한 면허수의 제한이 허용되어서는 안 될 것이다. 만약 대다수의 국민들이 양질의 서비스를 저렴한 가격으로 제공받는 것뿐만 아니라 저질의 서비스를 보다 저렴한 가격으로도 제공받기를 원한다면 면허제를 시행하지 않아야 할 것이다. 면허제로 그런 기회가 사라지기 때문이다(물론 대다수의 국민들이 그것을 원하지 않을 것이지만).

6.5 자유시장의 독점과 국가간섭에 의한 독점의 차이점

이상의 분석으로부터 국가(정부)간섭에 의한 독점과 자유시장의 독점의 차이점을 다음과 같이 정리할 수 있다.

국가간섭에 의한 독점은 보다 효율적인 생산자의 진입을 저지하는 것이다. 보다 효율적인 생산자가 진입하지 못함으로써 가격이 상승하거나 질이 하락할 것이다. 이것은 소비자의 선호를 침해하는 것이다. 앞에서 본 것처럼 자유시장의 독점의 경우에는 효율적인 생산자의 진입이 금지되는 것이 아니다.

물론 국가간섭에 의한 독점의 경우에도 소비자들이 개별적으로 소비를 격감시키거나 혹은 집단적으로 불매운동 등으로 소비를 격감시킴으로써 가격을 낮추거나 질을 높일 수 있는 것이 아닌가라는 의문이 들 수 있을 것이다. 가격을 낮출 수 있더라도 한계가 있다. 비효율적인 기업의 높은 비용보다 더 낮출 수는 없는 것이다. 기업이 비용보다 낮은 가격으로는 판매를 하지 않을 것이기 때문이다. 따라서 비용이 낮은 효율적인 생산자가 생산했을 경우에 비하면 가격은 높다. 특히 질이 높아지기는 힘들 것이다. 비효율적인 기업은 효율적인 기업과 같은 양질의 제품을 만들 수 없기 때문이다. 양질의 제품을 만들 수 있다면 그 기업은 비효율적인 기업이 아니다. 이런 결과를 가져오는 궁극적인 원인은 효율적인 생산자의 진입을 국가가 금지했기 때문이다. 이로 인해 소비자들이 효율적인 생산자와 거래할 자유가 제약된 것이다. 그러므로 국가간섭에 의한 법률적 진입장벽으로 인한 독점은 소비자의 선호를 침해하는 것이다.

이와 같이 국가에 의해 법률적으로 특권을 받은 생산자들은 소비자에게 양질의 제품이나 저렴한 가격으로 제공하는 봉사를 하지 않고 국가의 보호로 이득을 얻게 되는 것이다. 따라서 특권을 받은 생산자들은 소비자의 선호를 충족시키지 않아도 이득을 얻을 수 있으므로 자신들의 기득권을 유지하려고 하며, 배제된 자들도 그런 특권을 얻기 위해 노력을 할 것이다. 이런 행위를 지대추구행위라고 한다. 그러므로 생산자들은 소비자의 선호를 충족시키려는 노력보다도 기득권을 유지하거나 특권을 얻기 위해 정부에 로비를 하려고 할 것이다. 그 결과 정경유착과 부정부패가 발생하게 되는 것이다.

이상의 분석으로부터 다음과 같은 결론을 내릴 수 있다. 자유시장에서 기업의 경쟁력 우위로 발생하는 진입장벽과 그로 인한 독점은 소비자들의 선호에 부응하여 발생하는 것이지만, 국가간섭에 의한 법률적 진입장벽과 그로 인한 독점의 대다수는 특권을 부여받은 자들의 이익만 보호함으로써 소비자선호를 침해할 뿐만 아니라, 배제된 효율적 기업에게도 피해를 준다. 또한 대다수의 국민들이 국가의 간섭을 원할 경우에도 다음과 같은 점에 유의를 해야 할 것이다. 첫째, 소비자선호의 충족이라는 견지에서 국가의 간섭이 필요한지를 검토해야 한다. 둘째, 필요성이 있더라도 소비자선호를 침해하지 않는 방법으로 시행되어야 할 것이다.

07 경쟁과 독점에 대한 주류경제학과 (신)오스트리아학파의 견해 비교

이 장에서는 경쟁과 독점에 대한 주류경제학과 (신)오스트리아학파의 견해를 학술적 관점에서 분석한다. 소비자후생과 자원배분의 이상적 기준으로 사용하는 소비자주권과 완전경쟁 그리고 그것을 토대로 한 독점의 효과에 대해 학술적 관점에서 양 학파의 견해를 분석한다. 이런 분석을 통해 자유경쟁과 자유시장의 진정한 의미와 역할을 파악할 수 있다.

7.1 소비자주권과 개인자기주권

오스트리아학파의 라스바드는 주류경제학과 일부 (신)오스트리아학파가 소비자후생 및 자원배분의 이상적 기준으로 사용하는 '소비자주권(consumer sovereignty)'은 다음과 같은 문제가 있다고 지적한다.

주권(主權)은 정치적인 용어로 의사결정을 하는 최고의 권력을 의미한다. 전제군주제에서는 전제군주인 왕이 주권을 갖고 있다. 독재국가에서는 독재자가 주권을 갖고 있다. 민주주의 국가에서는 국민들이 주권을 보유한다. 물론 민주주의 국가에서 통치자인 대통령이나 수상 등이 최고 권력을 갖고 있지만 그들은 국민들로부터 의사결정 권력을 위임받아 단지 그 권력을 사용하는 것이다. 그 권력을 국민들이 원하는 식으로 행사하지 못하면 재임기간 중에 실각하거나 퇴임 후 처벌을 받게 된다.

이런 주권이라는 개념을 생산에 적용한 것이 소비자주권이다. 생산이 생산자의 의도가 아니라 소비자의 의도대로 이루어진다는 의미에서 소비자가 생산 결정에 대한 주권을 갖고 있다. 이것은 소비자의 선호가 반영되도록 생산이 이루어지는 것을 의미한다. 구체적으로는 소비자들이 상대적으로 더 선호하는 재화는 많이 생산되고 덜 선호하는 재화는 적게 생산되도록 생산이 이루어진다. 이런 식으로 생산이 될 때, 소비자주권이 실현되는 것으로 간주한다. 그러므로 소비자주권의 실현을 자원배분의 이상적 기준으로 하는 것이다.

그러나 주류경제학자들은 시장구조가 완전경쟁(혹은 순

수경쟁)이 아닌 독점 또는 과점 및 독점적 경쟁 등 불완전경쟁이 되면, 판매자가 생산을 제한하여 가격을 상승시켜 소비자 잉여[1]의 일부를 탈취하므로 소비자주권이 침해된다고 주장한다. 그러므로 그런 시장구조를 규제해야 한다고 주장한다. (신)오스트리아학파 중 미제스와 커즈너 등 일부 학자들도 수요가 비탄력적이거나 자원이 독점될 경우 소비자주권이 침해된다고 주장한다.

그러나 라스바드는 이상적 기준으로서 '소비자주권'은 폐기되어야 한다고 주장한다.[2] 왜냐하면, 소비자주권이라는 기준에 입각하여 규제를 하면 오히려 소비자들의 선호가 충족되지 않기 때문이다. 그의 주장을 좀 더 상세히 살펴보자.

주류경제학자들은 다음과 같이 주장한다. 소비자들은 누구나 더 낮은 가격을 선호한다. 따라서 독점 등으로 높은 가격을 설정하는 것은 소비자주권을 좌절시킨다. 이에 대해 라스바드는 다음과 같이 반박한다. 물론 소비자들은 언제나 낮은 가격을 더 좋아할 것이다. 만약 자연이 물질적 유토피아를 제공했다면, 즉 희소성의 세상이 아니라면 모든 재화는 공짜로 취득할 수 있었을 것이다. 이 유토피아를 우리 모두

---

1) 4장 주 3) 참조.

2) Rothbard : 744-5 참조.

는 선호할 것이지만 인간세상은 그렇지 못하다. 인간은 주어진 조건을 인간행동으로 개선시켜야 한다.[3)]

따라서 현실에서 재화의 가격은 영이 될 수 없으므로 현 세상에서는 재화의 가격을 결정하는 문제를 해결하여야 한다.

라스바드는 그 문제를 해결하는 방법이 오직 두 가지뿐이라고 주장한다. 하나는 자유시장의 방법으로서, 가격이 자유롭게 거래에 참여하는 개인들 각자(구매자와 판매자)에 의해 자발적으로 정해지는 것이다. 또 다른 방법은 헤게모니적(패권주의적)인 것으로서, 어느 한 당사자가 다른 당사자에게 강제적인 교환을 강요하는 것이다. 후자에는 자유시장에 대한 폭력적 간섭이 존재한다. 물물교환의 경우를 생각해보면 이 결론은 당연하다. 물물교환에서 상호교환의 비율(가격)은 당사자들이 자발적으로 결정하거나 아니면 어느 한 쪽의 폭력에 의해 정해진다.

전자의 상황에서는 교환하는 모든 사람들에게 이득이 되는 조건으로 거래가 이루어진다. 왜냐하면 어느 한 쪽이 손해를 본다면 거래가 성사되지 않기 때문이다. 그러므로 자

---

3) 이것은 우리 인간들은 보다 나은 욕구충족이 되도록 희소한 자원을 이용해야 한다는 것을 의미하는 것이다.

발적 교환은 플러스-섬(plus-sum)의 결과를 초래한다.[4] 이에 반해 후자의 헤게모니적 방법은 자유로운 거래를 허용하지 않고 강제적 교환을 강요하므로 사람에 의한 사람의 착취를 제도화하는 것이다. 강제적 교환은 기껏해야 제로-섬(zero-sum)의 결과를 초래한다. 마이너스-섬(minus-sum)이 될 가능성이 크다.

자유시장에서는 소비자들과 생산자들이 자발적으로 자신의 행동(구매와 판매 행동)을 조절한다. 따라서 자유시장에서는 소비자주권이 아니라 개인의 자기주권(self sovereignty)이 있다고 표현하는 것이 정확하다.[5] 자유시장에서는 각 개인이 자신의 인격과 행동 그리고 자신의 재산에 대해 주권을 지닌다. 아무도 다른 사람의 행동 혹은 교환에 대해 주권을 갖지 않는다. 소비자가 생산자에게 교환의 조건과 양에 대해 강요할 권한을 갖지 않는다. 즉 소비자가 생산자에 대해 주권을 갖지 않는다. 소비자가 생산자에 대해 주권을 갖는다는 것은 생산자가 원하지 않는 행동(예를 들면, 팔고 싶지 않는 가격으로 판매하도록 하는 행동과 생산하고 싶지 않는 양을

4) 플러스-섬은 글자 그대로 교환의 결과 양당사자의 손익의 합이 양(+)이 되는 것이다. 제로-섬은 그 합이 영(0)이 되는 것이고, 마이너스-섬은 그 합이 음(-)이 되는 것이다.

5) Rothbard : 738 참조.

생산하도록 하는 행동)을 강요하는 것이므로 자발적 거래가 아니라 오히려 폭력적인 간섭으로서 생산자를 착취하는 것이 된다. 이것은 고용주가 노동자에게 원하지 않는 낮은 임금으로 일을 하라고 강요하는 것과 똑같다.

마찬가지로 생산자도 소비자에게 교환의 조건과 양에 대해 강요할 권한을 갖고 있지 않다. 즉, 생산자도 소비자에 대해 주권을 갖고 있지 않다. 생산자가 소비자에 대해 주권을 갖는다는 것은 소비자가 원하지 않는 행동(예를 들면, 사고 싶지 않는 가격으로 구입하도록 하는 행동과 구입하고 싶지 않는 양을 구입하도록 하는 행동)을 강요하는 것이므로 자발적 거래가 아니라 오히려 폭력적인 간섭으로서 소비자를 착취하는 것이다.

그러나 생산자는 소득을 획득하기 위해 어떤 가격으로 얼마만큼 판매할 것인지를 소비자에게 제시할 자유는 있다. 또한 위의 지적처럼 생산자는 소비자가 원하는 가격 및 양을 반드시 받아들여야 하는 것은 아니다. 하지만 생산자가 자신이 추구하는 소득을 획득하기 위해서는 소비자의 선호(즉 수요)를 충족시켜야 한다. 왜냐하면 자신의 생산물을 소비자가 자발적으로 구입하지 않으면 소득을 얻을 수 없기 때문이다. 그러므로 자유시장에서는 소비자도 생산자에 의해 강제되지 않고 생산자도 소비자에 의해 강제되지 않은 채 자발적으로 거래된다. 즉, 자유시장에서는 소비자주권도 생산자주권도 행사되지 않고 오직 소비자의 자기주권과 생산자의 자기주권에 의해 자발적인 협상으로 가격이 결정된다. 다만 생산자는 자기주권 하에서 자신을 위해 소비자의 욕구에 부응을 해야 한다. 소비자가 왕이지만 생산자를 강제할 수는 없다.

따라서 개인자기주권에서는 생산자가 소비자를 강요하지 않으면서 소비자에게 상품을 판매하고 소비자는 자발적으로 구입하므로 생산자는 소비자의 선호를 충족하는 역할을 한다. 만약 소비자주권에 입각하여 생산자가 원하지 않는 낮은 가격으로 판매를 강요하는 식으로 규제하면 소비자의 선호가 충족되지 않는다. 개인자기주권에서는 소비자는 생산자에게 강요당하지 않는다. 그런데 소비자가 어떤 재화를 높은 가격으로 구입하는 행위를 회피할 수 있는데도 불구하고 자발적으로 그런 소비행위를 한다는 것은, 소비자가 그 재화를 낮은 가격보다 높은 가격으로 구입하는 것을 자발적으로 선호한다는 것을 의미한다. 즉, 이 재화가 다른 재화보다 매력적이므로 다른 재화에 대한 지출을 줄이고 이 재화에 대한 지출을 증가시키는 것을 선호한다는 것을 의미한다. 이것은 소비자후생을 가격에 의해 측정하는 것은 문제가 있다는 점을 지적하는 것이다. 소비자후생은 소비자선호의 충족에 의해 판단되어야 한다. 즉, 소비자의 자발적 선택여부에 의해 판단되어야 한다. 따라서 소비자가 높은 가격으로 구입하는 것을 선호하는데도 불구하고 생산자에게 낮은 가격으로 판매하도록 규제하면, 소비자는 자신이 선호하지 않는 방식으로 구입하게 되므로 소비자선호는 충족되지 않는다. 물론 생산자의 선호도 충족되지 않는다. 이런 논리의 타당성을 우리는 4장~6장에서 보았다. 따라서 소비자의 선호가 실현되는 것은 소비자주권이 실현될 때가 아니라 소비자와 생산자의 자기개인주권이 실현될 때 이루어진다.

한편 소비자주권을 소비자후생 및 자원배분의 이상적 기준으로 설정하는 것은 위에서 본 것처럼 패권주의적인 사고이며, 오히려 개인자기주권을 이상적 기준으로 설정하는 것이 자유주의적인 사고이다. 이런 맥락에서도 소비자주권을 이상적 기준으로 설정하는 것은 문제가 있는 것이다.

그러므로 소비자후생 및 자원배분의 이상적 기준으로 소비자주권을 폐기하고 대신에 개인자기주권, 즉 소비자와 생산자의 자기주권을 도입해야 한다.

그런데, 주류경제학자들은 소비자주권을 이상적 기준으로 두고 분석을 함으로써, 생산자가 자신의 소득을 극대화하기 위해 판매량을 감소시키고 가격을 높이는 행위, 즉 독점가격의 설정에 대해 다음과 같이 비난한다. 독점가격의 설정은 소비자주권을 침해하므로 비도덕적이면서 비효율적인 자원배분을 초래한다. 따라서 독점가격을 규제해야 한다. 그러나 위에서 언급된 것처럼, 그런 규제는 소비자가 생산자를 강제하는 것이면서 오히려 소비자의 선호도 충족되지 않는다. 반면에 자유시장에서는 소비자나 생산자 어느 측에 대한 강제가 없으면서도 소비자의 선호가 실현된다. 그러므로 자유시장경제만이 소비자선호가 실현되는 체제이다.

7.2 경 쟁

주류경제학이 또 하나의 이상적 기준으로 제시하고 있는 경쟁의 개념과 문제점 그리고 그에 대한 대안으로서 오스트리아학파의 경쟁 개념 등을 살펴보자.

주류경제학의 경쟁 개념

일상적인 의미에서 경쟁은 동일한 목표를 두고 2명 이상의 참여자 혹은 집단이 다투는(rivalry) 현상을 말한다. 시장에서의 기업 간 경쟁은 이윤을 획득하기 위해 고객을 확보하려고 기업 간 다투는 것이다. 가격인하, 제품차별화, 서비스 강화, 기술개발 등을 통하여 경쟁을 하는 것이다.

그런데 주류경제학에서 사용하는 경쟁 개념은 이것을 의미하지 않는다. 그들은 경쟁의 정도에 따라 소비자후생 및 자원배분이 다르게 된다고 생각하여, 경쟁의 정도에 초점을 두고 경쟁의 의미를 부여하고 있다. 경쟁의 정도에 따라 시장구조(시장상태)를 구분한다. 그들에 따르면, 경쟁의 정도는 참여 기업의 수와 규모, 그리고 제품의 동질성 여부에 의해 구분된다. 시장 점유율이 상대적으로 아주 작은 소규모 기업들이 다수로 구성되어 있을 경우를 경쟁이라고 하며, 시장을 한 기업이 점유하면 독점, 두 기업 이상 소수로 구성되면 과점이라 한다. 경쟁도 질의 동질성 여부에 따라, 동질적이면 완전경쟁(혹은 순수경쟁)[6], 차별적일 경우 독점적 경쟁이라고 한다. 상품의 질이 다르면 특정한 질을 선호하는 소비자의 입장에서는 그런 상품을 공급하는 업체가 독점자로 보인다. 따라서 기업이 질의 차별화를 추구하게 되면 독점력을 형성할 수 있다. 그러나 그 기업이 질에 비해 높은 가격을

6) 완전경쟁은 순수경쟁에 비해 정보의 완전성의 가정까지 포함하고 있다. 정보의 완전성이란 수요 및 공급에 대한 정보를 수요자와 공급자가 완전히 알고 있다는 것이다. 심지어 미래의 수요와 공급에 대한 정보까지도 알고 있다고 가정하고 있다.

부여하면 소비사들은 유사제품을 구입하게 되므로 완전한 독점력을 형성할 수 없고 유사기업과 경쟁을 어느 정도 유지하게 된다. 그래서 질적 차별화를 추구하면서 다수의 기업이 경쟁을 하는 것을 독점적 경쟁이라고 한다.

주류경제학에서 경쟁이라는 것은 완전경쟁을 의미한다. 완전경쟁에서는 제품이 동질적이고 다수의 경쟁자가 존재하므로, 경쟁기업은 시장가격을 변경할 수 없고 다만 시장가격을 받아들일 수밖에 없는 가격수용자(price taker)[7)]라는 것이다. 왜냐하면 한 기업이 시장가격보다 높게 판매하면 소비자가 다른 기업에게서 구입을 할 수 있으므로 가격을 올릴 수 없고, 그들의 공급량이 아주 미약하므로 가격을 하락시키지 않고도 시장가격에서 자신의 공급량이 얼마이든지 다 판매할 수 있기 때문이다. 그러므로 주류경제학이 의미하는 경쟁은 다음과 같이 정리할 수 있다. 동질 제품을 생산하는 기업들이 자신의 공급량의 변화를 통해 가격을 변화시킬 수 없을 정도로 각 기업의 규모가 시장규모에 비해 아주 작은 기업들로 구성된 많은 기업들이 존재할 때 발생하는 경쟁을 의미한

---

7) 시장에서 결정된 가격을 수용할 수밖에 없는 상황에 있는 자를 의미한다. 이에 비해 독과점이나 독점적 경쟁 등 독점력을 이용하여 가격을 설정할 수 있는 자를 가격설정자(price maker)라고 한다.

다. 완전경쟁에서는 가격수용자이므로 가격경쟁도 없고, 동질적인 제품이므로 품질경쟁도 없다. 따라서 완전경쟁은 이상(異常)한 경쟁개념이다. 그들은 이런 경쟁을 이상적인 경쟁으로 규정하고 규범적 판단기준으로 하고 있다. 왜냐하면 독과점은 물론 심지어 독점적 경쟁조차도 경쟁이 약화된다고 간주하고, 경쟁이 약화되면 소비자후생 및 자원배분이 악화된다고 생각하기 때문이다. 따라서 완전경쟁을 이상적 기준으로 설정한다. 다시 말하면, 경쟁자들이 많아질수록 그리고 상품이 동질적일수록 경쟁의 정도가 높아져 기업들이 소비자의 욕구(선호)를 보다 잘 충족시킬 수 있다는 사고를 토대로 한 것이다.

하지만 경쟁의 정도는 기업의 수 및 제품의 동질성 여부와 밀접한 관계가 없고, 또한 그들이 주장하는 완전경쟁의 개념은 현실과는 괴리된 것이라는 점에서 많은 문제점을 초래하고 있다. 상세한 것은 다음 절에서 분석된다. 이런 경쟁개념으로 변하게 된 것은 꾸르노[8] 이후이다. 그 이전 경제학의 시조인 아담 스미스를 비롯한 고전파들의 경쟁 개념은 현

---

8) 프랑스의 수학자 · 철학자 · 경제학자. 《부(富) 이론의 수학적 원리에 관한 연구》로 유명하다. 수요의 법칙이나 독점이론의 기초를 이루는 독점가격(쿠르노의 점)의 원리를 밝혀 근대 수리경제학의 시조로 불리게 되었다.

실에서 사용되는 것과 같은 의미로 사용되었다.[9]

꾸르노 이후 경쟁 개념이 이렇게 변한 것은 그들의 관심이 경쟁의 현실적인 작동양식보다도 그 작용의 결과를 중시했기 때문이다.[10] 결과가 중요한 것이지만 그 결과는 현실의 경쟁과정을 통해서 나타난다는 점이 더욱 중요하다. 이와 같이 주류경제학은 현실의 경쟁과정을 배제하고 현실에서 도달 불가능한 결과인 완전경쟁을 이상적인 기준점으로 제시함으로써 현실의 경쟁행위를 설명할 수 없고 나아가 현실의 경쟁행위에 대해 비난만 하는 그릇된 사고를 초래하고 있다.

주류경제학의 경쟁 개념에 대한 비판

앞 절에서 언급한 바와 같이, 경쟁의 정도는 기업의 수 및 제품의 동질성 여부와 밀접한 관계가 없고, 또한 그들이 주장하는 완전경쟁의 개념은 현실과는 괴리된 것이라는 점에서 주류경제학의 경쟁 개념은 많은 문제점을 초래하고 있다. 이것들을 구체적으로 살펴보면 다음과 같다.

첫째, 경쟁의 정도와 기업의 수의 관계를 분석해 보자. 주류경제학은 기업의 수가 많을수록 경쟁의 정도는 높아진

9) McNulty 참조.

10) McNulty 참조.

다고 한다. 하지만 우리는 현실에서 소수의 라이벌 기업이 오히려 더 치열하게 경쟁하는 모습을 흔히 볼 수 있다. 삼성과 애플 간의 모바일 폰 경쟁, 삼성과 LG 간 가전제품 경쟁, 현대 기아 대우 르노삼성 간의 자동차 경쟁, 두산과 조선맥주 간의 맥주 경쟁 등에서 볼 수 있다. 이와 같이 기업의 수가 감소하더라도 경쟁의 정도가 약화되는 것은 아니다. 그러므로 경쟁의 정도는 기업의 수와 밀접한 관계가 없다는 것을 알 수 있다.[11)]

둘째, 경쟁의 정도와 제품의 동질성 여부의 관계를 분석해 보자. 주류경제학은 품질차별화로 진입장벽이 발생하므로 경쟁을 약화시킨다고 주장한다. 하지만 현실에는 기업들이 품질차별화를 통해 경쟁을 한다. 이것은 소비자가 어떤 상품의 구매시 가격만을 고려하는 것이 아니라 품질, 서비스, 편안함 등 다양한 것을 고려한다는 반증이다. 가령 상품 A는 가격이 2만원이고 상품 B는 가격이 5만인데 B를 구매한다는 것은 B가 A에 비해 가격차이보다 질, 서비스 등의 차이가 더 크다고 판단하기 때문이다. 따라서 제품차별화가 경쟁을 약화시키기보다는 오히려 그것을 통해 가격 이외의 경쟁

---

11) 전용덕 : 10-1 참조

을 심화시키는 것이다.[12] 그러므로 제품차별화가 경쟁을 약화시킨다는 주장을 할 수 없다. 한편 제품차별화는 소비자들의 다양한 욕구를 충족시키는 것이다. 제품차별화가 없다면 우리는 각자 서로 다른 욕구를 충족할 수 없을 것이다. 매운 것을 좋아하는 사람도 있고 싱거운 것을 좋아하는 사람도 있는 것처럼 우리의 기호는 다양하다. 이런 점에서 제품차별화는 소비자가 오히려 선호하는 것임을 알 수 있다.[13]

셋째, 주류경제학에서 완전경쟁 또는 순수경쟁은 앞 절에서 지적한 것처럼 가격경쟁이 없는 가격수용자이다. 그러나 현실에서는 시장점유율이 아주 미세한 기업도 공급을 변화시키면 가격변화를 일으키게 된다. 물론 가격에 영향을 주는 정도는 미약하더라도 분명히 영향을 준다(다음 절에서 상세하게 분석된다). 따라서 가격경쟁을 할 수 있고 실제로 가격경쟁을 하는 것이다. 그러므로 그들이 설정한 완전경쟁 혹은 순수경쟁에서도 가격수용자가 아니라는 것을 알 수 있다.

넷째, 완전경쟁은 정보의 완전성을 가정하고 있다. 정보가 완전하다면 경쟁을 할 필요가 없다. 기업가들이 수요와 비용에 관한 현재나 미래의 정보를 완전하게 알 수 없기 때

12) Rothbard : 838 참조.

13) 제품차별화로 인한 진입장벽과 소비자선호의 충족에 대한 자세한 것은 5.2 참조.

문에 그들은 수요와 비용에 관한 정보를 가격인하, 제품차별화, 서비스 강화, 기술개발 등의 경쟁을 통해서 발견한다. 보다 상세한 것은 다음 절에서 다룬다.

이와 같이 주류경제학이 이상적 기준으로 삼고 있는 완전경쟁은 사실상 현실의 경쟁을 무시한다. 현실에서는 정보가 불완전하며, 가격과 품질 등을 통해 경쟁이 이루어지고 있다. 물론 이론은 복잡한 현실을 단순화하여 분석할 수밖에 없다. 그러나 단순화 과정에서도 현실을 무시한 단순화는 현실을 왜곡할 가능성이 높은 것이다. 이론의 유효성은 논리정합성도 중요하지만 현실적합성이 더욱 중요하다. 주류경제학은 현실의 경쟁과정을 배제하고 현실에서 도달 불가능한 결과인 완전경쟁을 이상적인 기준점으로 제시함으로써 현실의 경쟁행위를 설명할 수 없고 나아가 현실의 경쟁행위에 대해 비난만 하는 그릇된 사고를 초래하고 있다.

(신)오스트리아학파의 경쟁 개념

주류경제학의 이런 문제점을 극복하고 기업가의 경쟁과정을 현실의 경쟁과 일치시키면서 분석하는 시도가 오스트리아학파에 의해 이루어졌다. 그들의 경쟁 개념에 대해 살펴보자.

하이에크는 경쟁을 '발견의 과정'으로 파악한다.[14] 기업들은 자기제품에 대한 소비자의 수요와 최저비용 생산방법 등에 대해 미리 완전하게 알 수 없다. 그러므로 기업들은 수요와 비용에 관한 정보를 가격인하, 제품차별화, 서비스 강화, 기술개발 등의 경쟁을 통해서 발견한다. 만약 기업들이 수요와 비용에 관해 완전한 지식을 갖고 있으면 현실의 경쟁을 통하여 나타나는 결과를 경쟁 없이 도달할 수 있다. 따라서 현실의 경쟁이 필요 없게 된다. 하지만 현실에서는 어느 누구도 완전한 지식을 보유할 수 없으므로 경쟁을 통하여 수요와 공급에 관한 정보를 발견할 수밖에 없다. 그러나 주류경제학은 완전지식을 가정함으로써 경쟁과정이 없는 이상한 경쟁인 완전경쟁을 도출하여 이상적 기준으로 제시한다.

커즈너는 하이에크와 마찬가지로 불완전한 지식을 전제로 하면서 '시장과정 그 자체'를 경쟁이라고 본다.[15] 시장과정이란 판매자들이 잠재적 구매자들에게 보다 매력적인 기회를 제공함으로써 라이벌에게 끊임없이 대항을 시도하는 과정이다. 그러므로 이 과정은 선천적으로 경쟁적이다. 이와 같이 커즈너는 '기업들이 하는 행위들 그 자체'가 경쟁이라고 본다.

---

14) Hayek : 92-106 참조.

15) Kirzner : 1장 참조.

미제스는 경쟁을 '선별과정' 및 '소비자의 주머니를 향한 것'으로 파악한다.[16] 경쟁이란 한편으로는 효율적인 생산자를 선별하는 과정이다. 효율적인 생산자는 저렴한 상품이나 양질의 상품을 제공하는 자이다. 경쟁과정에서 소비자들은 저렴한 상품이나 양질의 상품을 제공하는 자를 선호하므로 효율적인 생산자는 그 분야에서 살아남고 비효율적인 생산자는 도태된다. 하지만 동물세계의 경쟁과 달리 완전히 도태되는 것이 아니라 보다 효율적인 위치로 찾아가도록 한다. 왜냐하면, 시장경제는 비교우위의 원리에 입각하여 자급자족이 아니라 상품생산이 지배적인 분업구조이기 때문이다.

미제스는 또한 경쟁을 '소비자의 주머니를 향한 것'이라고 주장한다.[17] 모든 생산자들은 궁극적으로 소비자들의 소득을 차지하려고 경쟁을 하기 때문이다. 소비자들은 자신들의 소득으로 효용(만족)극대화가 되도록 한 재화만을 구매하는 것이 아니라 다양한 재화들을 구매하고 있다. 이런 점에서 모든 생산자들은 소비자들의 소득을 획득하려고 경쟁을 한다. 이와 같이 모든 생산자들이 경쟁하는 것이다. 즉, 경쟁은 해당 산업 내에 있는 생산자들 간의 경쟁이라기보다는 모

---

16) Mises : 549–60, 619–26 참조.

17) Mises : 549–60, 619–26 참조.

든 산업의 생산자들 간의 경쟁이다. 시장에서 경쟁과정을 통해 보다 많은 대체재가 출현함에 따라 사용가능한 소비재의 범위가 엄청나게 증가하고 있다. 그러므로 어떤 재화도 대체재를 가지고 있다. 이와 같이 소비자의 욕구가 다양하고 대체재가 반드시 존재하므로 어떤 재화의 독점도 경쟁이 전혀 없는 것이 아니다. 자유시장에서 발생한 독점은 소비자의 선호를 충족하기 위한 경쟁의 결과로 나타난 현상일 뿐이고 그 독점현상도 계속 유지되는 것은 아니다.

라스바드는 경쟁에 대해 다음과 같이 언급한다.[18] "자유경쟁은 자유를 생산 분야에 적용한 것이다. 외부의 힘에 의한 폭력적 간섭 없이 구매하고 판매하고 자신의 자산을 변형시킬 자유." 이것은 경쟁이란 '생산과 교환(판매와 구매)의 영역에서 자유로운 행동'을 의미한다고 볼 수 있다. 즉, 자유로운 생산과 교환을 의미한다. 자유경쟁은 1절에서 언급한 소비자나 생산자의 개인자기주권을 실현할 수 있는 경쟁이다. 그러므로 생산과 교환의 영역에서 자유로운 행동을 방해하거나 규제하는 것은 경쟁을 제한 및 억제하는 것이다. 이런 맥락에서 라스바드의 경쟁 개념은 사유재산권의 개념과 일치한다.

---

18) Rothbard : 764 참조.

이상에서 본 바와 같이 오스트리아학파는 경쟁 개념에 대해 합의가 이루어진 것은 아니지만 다음과 같은 두 가지 특징이 있다. 첫째, 경쟁의 초점을 결과보다는 과정에 두고 있다. 둘째, 자유경쟁을 근간으로 하고 있다.

주류경제학 경쟁론의 정책적 함의에 대한 비판

주류경제학은 앞에서 살펴본 바와 같은 치명적인 문제점을 지니고 있는 완전경쟁을 후생판단의 기준으로 삼고 있다. 그것에 입각하여 완전경쟁에서 멀어질수록 경쟁이 쇠퇴하고 비효율적인 자원배분을 초래한다고 결론을 내린다.

주류경제학은 완전경쟁시장이 현실에 존재하지 않으며, 존재할 수 없는 비현실적인 개념이라는 비판을 받아들이고, 대신 보다 현실성이 있는 유효경쟁의 조건을 제시하고 이상적 기준으로 설정하였다. 유효경쟁의 조건은 클락에 의해 제시되었고 그 후 많은 학자들에 의해 보강되었다. 그 조건을 보면 크게 3가지로 나누어진다. 구조기준, 행동기준, 성과기준으로 나누어지는데, 각각 3개, 6개, 7개인 총 16가지로 되어 있다.

유효경쟁에 대한 비판은 다음과 같다. 첫째, 그 기준이 만족되고 있는 정도를 어떻게 측정하느냐이다. 왜냐하면, 기준이 제시하고 있는 정도는 가치판단의 문제이기 때문이다. 둘째, 일부분만 만족될 때 어떻게 평가할 것인가이다.

경합경쟁은 이런 문제점을 극복하려고 제시된 개념이다. 진입장벽이 없을 경우 경합경쟁시장이라고 한다. 진입장벽만 없으면 현실적으로 완전경쟁의 조건에 가장 유사하게 도달할 수 있다고 보는 견해이다.

그러나 유효경쟁이든 경합경쟁이든 아주 중요한 결함이 있다고 오스트리아학파는 지적한다. 그 개념들이 제시되고 있는 기준은 궁극적으로 완전경쟁을 이상적인 기준으로 전제하고 있다는 것이다. 즉, 과점의 경쟁제한, 과도한 제품차별화로 인한 낭비, 시장지배력, 독점 등에 대한 주류경제학의 논의 이면에 궁극적 판단 기준으로 역시 완전경쟁을 암묵적으로 전제한다. 단지 현실적으로 완전경쟁의 조건에 가장 유사하게 도달할 수 있는 기준들을 제시하고 있을 뿐이다. 앞에서 본 바와 같이 이상적인 기준은 완전경쟁이 아니라 자유경쟁이다. 특히 경합경쟁은 진입장벽이 없으므로 자유경쟁과 일치하는 것으로 보이지만 차이가 크다. 경합경쟁에서 진입장벽이 없다는 것은 잠재적 진입기업이 기존기업에 비해 불리함이 없어야 한다는 것을 의미한다. 5장에서 살펴본 비법률적 진입장벽도 없어야 한다는 것을 의미한다. 그러나 자유경쟁은 불리함에 의한 진입장벽 즉, 비법률적 진입장벽도 허용하는 것이다. 따라서 경합경쟁론에 입각하면 비법률적 진입장벽으로 독점이 되면 소비자선호가 충족되지 않으므로 소비자후생의 악화와 비효율적인 자원배분을 초래한다. 그러나 5장에서 본 바와 같이 비법률적 진입장벽은 소비자의 선호에 의해 형성된 것이므로 소비자후생의 악화와 비효율적인 자원배분을 초래하지 않는다. 경합경쟁론에 따라 비법률적 장벽으로 인한 독점을 규제하면 오히려 소비자후생의 악화와 비효율적인 자원배분을 초래한다.

그러므로 완전경쟁이나 유효경쟁 및 경합경쟁을 후생기준으로 한 주류경제학의 논리에 따른 반독점법도 많은 문제점을 지닐 수밖에 없는 것이다. 이와 같이 주류경제학은 완정경쟁을 이상적 기준으로 둠으로써 진정한 의미의 경쟁이 은폐되고, 독점과 경쟁에 대한 분석과 정책은 진실을 왜곡하고 있다.

이에 반해 독점과 경쟁에 대해 현실의 인간행동에 입각하여 분석을 시도하는 오스트리아학파의 시장성과에 대한 판단기준은 '자발적 교환' 즉 '자유경쟁'이다. 이들은 어떤 재화에 대해 부여하는 개인들의 효용과 비용[19](즉, 포기한 효

19) 경제학에서 비용이란 기회비용의 개념이다. 부록 1 참조.

용)에 대해서 주관주의적 견해를 가지고 있다. 어떤 재화에 대해 부여하는 개인들의 효용과 비용은 타인에 의해서 평가될 수 없고 당사자만이 평가할 수 있다는 것이다. 각 개인은 자신의 주관적인 평가에 입각한 효용과 비용을 비교하여 효용이 비용보다 크면 행동을 하고 그렇지 않으면 다른 행위를 하는 것이다. 행위 그 자체가 자신들의 처지를 개선하려는 목적과 부합되는, 즉 합목적적인 것이다. 따라서 인간행위 그 자체가 각 자들(소비자와 생산자)의 선호를 충족하는 효율적인 생산을 초래한다는 것이다. 물론 주류경제학도 개인의 주관주의적 가치를 토대로 하고 있으나, 완전경쟁과 소비자주권을 이상적 평가기준으로 상정함으로써 합목적적인 인간행위의 결과가 비효율적인 자원배분을 초래할 수 있다고 본다. 완전경쟁이 아닌 다른 시장에서는 비효율적 자원배분을 초래한다는 것이다.

만약 각 개인의 효용과 비용을 타인이 평가를 한다면 그것은 타인의 자의적인 기준에 의해 이루어지는 것이고, 타인의 자의적인 평가기준에 의해 행동을 제약한다면 자신의 합목적적인 행위는 이루어질 수 없고, 타인의 가치관에 의해 행동을 해야 하는 패권주의적 독재인 것이다. 오직 자발적 교환을 통해서만 각 개인들의 선호가 표출되고 실현될 수 있는 것이다. 자발적 교환을 하는 자유시장에서 소비자가 어떤 상품을 구매하지 않는다면 하는 것보다 그것을 더 선호하기 때문이고, 반면에 구매한다면 하지 않는 것보다 그것을 더 선호하기 때문이다. 마찬가지로 자유시장에서 생산자가 판매하지 않는다면 하는 것보다 그것을 더 선호하기 때문이고, 반면에 판매한다면 하지 않는 것보다 그것을 더 선호하기 때문이다. 그러므로 자발적 교환이 보장되는 자유시장만이 시장성과의 판단기준이 된다. 자유시장에서 발생하는 그 어떤 교환도, 즉 주류경제학의 분류에 따른 독점이든 그 어떤 것이든 소비자와 생산자의 선호를 동시에 충족시킨다. 반면 정부의 간섭이든 어떤 집단의 폭력적 강제에 의한 비자발적 교환은 소비자의 선호 혹은 생산자의 선호를 침해한다. 물론 타인의 신체나 재산의 침해를 발생시키는 것은 제약된다. 마약의 경우 자발적 교환은 교환 당사자에게는 모두 이득을 주지만 제3자에게 피해를 줄 수 있다. 마약에 취해 있을 경우 이성적으로 행동을 하지 못하고 타인의 신체나 재산에 대해 피해를 줄 수 있다. 이런 류의 자발적 교환은 제약을 받아야 할 것이다.[20] 이런 측면에서 시장성과의 판단기준으로 명확히 제시된 것이 앞에서 설명한 라스바드의 소비자와 생산자

20) Mises : 561-75 참조.

의 자기주권의 개념이다. 자기주권을 침해하는 행동, 즉 타인의 신체나 재산을 침해하는 행동을 규제하고 처벌해야 하는 것이 정부의 주요 역할로 볼 수 있다.[21]

자유시장에서 소비자와 경쟁력 있는 생산자 간의 자발적 교환으로 경쟁력이 없는 생산자들이 도태되는 것은 재산권의 침해가 아닌가 하는 의문이 들 수 있다. 그러나 희소한 자원으로 우리 인간들의 욕구를 충족하도록 하려면 효율적인 생산자가 생산을 해야 한다. 경쟁력이 없는 그들을 그 분야에서 도태시키지 않으면 소비자인 우리들의 욕구가 잘 충족되지 않는다. 자유시장은 자유로운 진입과 경쟁을 허용하는 제도이다. 비효율적인 생산자의 도태는 효율적인 생산자가 폭력적 행위로 그들의 재산을 침해한 것이 아니다. 그들의 도태는 자유경쟁에 입각하여 경쟁한 결과이며, 궁극적으로는 소비자가 그들의 도태를 원한다.[22]

---

21) 라스바드는 그것도 정부가 해야 하는 것이 아니라 민간인(자기 자신 또는 효율적인 다른 민간인)이 해야 한다고 주장한다. 정부의 간섭이 오히려 더 큰 문제를 발생시킬 수 있다고 생각하기 때문이다.

22) 보다 상세한 것은 5장과 6장 참조.

7.3 자유시장에서 독점의 효과

주류경제학의 견해

먼저 주류경제학의 관점에서 독점기업이 어떻게 이윤극대화를 위해 생산량 또는 공급을 감소시켜 가격을 상승시킬 수 있는지를 분석해 보자. 독점자는 혼자서 공급하므로 자신의 공급량을 변화시키면 시장공급에 영향을 줄 수 있기 때문에 시장지배력을 행사할 수 있다. 그러므로 그는 가격수용자인 완전경쟁기업가와 달리 이윤이 극대화되는 가격을 설정할 수 있다.[23] 이윤의 극대화 조건은 한계수입과 한계비용[24]이 같아지는 것이다. 한계수입이 한계비용보다 크다면 생산을 추가하는 것이 이윤을 증가시키고, 그 반대면 생산을 감소시키는 것이 이윤을 증가시키기 때문이다. 예를 들어 10번째 단위의 한계수입이 10이고 한계비용이 8이라면 그것을 추가 생산함으로써 얻는 수입이 10이고 치르는 비용이 8이라는 것을 의미한다. 따라서 10번째 단위를 생산하는 것은 추가적

---

23) 과점기업이나 독점적 경쟁기업도 자신들의 공급량이 시장공급에 상당히 영향을 줄 수 있으므로 시장지배력을 갖고 가격설정자로서 역할을 한다.

24) 한계수입이란 생산을 추가하여 판매할 때 추가되는 수입을 의미하고, 한계비용은 생산을 추가할 때 추가되는 비용을 의미한다.

으로 2만큼 이득(즉 이윤)을 얻는다. 그러므로 그는 그 단위를 생산할 것이다. 만약 한계수입이 8이고 한계비용이 10이라면 그 단위를 추가 생산함으로써 추가적으로 2만큼의 손실이 발생한다. 그러므로 그는 그 단위를 생산하지 않는다.

한계수입은 기업이 직면하는 수요곡선[25](즉, 기업의 수요곡선)의 형태에 따라 달라진다. 경쟁기업의 수요곡선은 가격수용자이므로 시장가격에서 수평선이다. 시장가격에서 자신의 생산물을 얼마든지 판매할 수 있다. 즉, 판매량을 증가시키더라도 가격을 하락시킬 필요가 없다. 반면에 독점기업의 수요곡선은 혼자서 공급하므로 소비자의 시장수요곡선과 일치한다. 따라서 독점기업의 수요곡선은 우하향한다. 즉, 판매량을 증가시키기 위해서는 가격을 낮추어야 한다.[26] 경쟁기업은 판매량을 증가시키더라도 가격을 낮출 필요가 없으므로 한계수입은 가격과 일치한다. 반면 독점기업은 판매량을 증가시키기 위해서는 가격을 낮추어야 하므로 한계수입은 가격보다 낮다.[27] 따라서 독점기업의 이윤극대 생산량

25) 기업이 직면하는 수요곡선은 각 가격에서 판매가능한 양을 나타내는 것으로서 판매가능곡선이라는 명칭이 직관적으로 의미를 전달하지만, 판매가능양은 소비자의 수요에 제약을 받는다는 것을 강조하기 위해 이런 명칭을 사용함.

26) 부록 2 참조(그림으로 작성)

27) 부록 3 참조(표로 작성)

은 경쟁기업에 비해 적고, 가격은 더 높게 된다.[28] 그 결과 독점기업은 이윤극대화를 위해 생산량을 감소시키고 가격을 높인다. 이 가격을 독점가격이라 한다. 이와 같이 경쟁시장이 독점으로 변하면 생산량은 줄고 가격이 높아지므로 소비자의 후생이 악화된다고 한다.

한편 독점가격은 한계비용보다 높다. 왜냐하면 앞에서 언급한 것처럼, 독점의 한계수입은 가격보다 낮고, 이윤극대화 조건은 한계수입이 한계비용과 같아야 하기 때문이다.[29] 가격이 한계비용과 괴리가 생기면 자원배분이 비효율적이라고 한다. 즉, 가격과 한계비용이 같을 때 자원배분이 효율적이라고 한다. 그 이유는 다음과 같다. 시장에서 가격은 한계가치(즉, 한계효용)에 의해 결정된다.[30] 만약 한계가치(즉, 가격)가 한계비용보다 높으면 추가로 생산된 재화로부터 얻는 추가효용이 추가로 포기된 효용보다 크므로 생산을 증가시키는 것이 사회적으로 순효용이 높아진다. 반대로 한계가치가 한계비용보다 낮다면 생산을 감소시키는 것이 사회적으로 순효용이 커진다. 따라서 한계가치가 한계비용과 같은

---

28) 부록 4 참조(그림으로 작성)

29) 독점가격 > 한계수입, 한계수입 = 한계비용 ⇒ 독점가격 > 한계비용

30) 부록 5 참조

점에서 생산될 때 사회적 순효용이 극대가 되므로, 이 조건이 충족될 때 자원배분이 효율적이라고 하는 것이다. 이런 점에서 독점의 경우 가격(즉, 한계가치)이 한계비용보다 높으므로 자원배분이 비효율적이라고 한다.

이상과 같은 논리로 주류경제학은 독점이 경쟁을 제거함으로써 소비자후생을 악화시키고 비효율적인 자원배분을 초래한다고 결론을 내린다.

(신)오스트리아학파의 견해

(신)오스트리아학파는 자유시장에서 발생한 독점은 일반적으로 사악하지 않다고 주장한다. 그러나 학자에 따라 약간의 차이가 있다. 미제스와 커즈너는 특수한 여건에서만 독점이 사악하다고 한다. 그러나 라스바드와 그의 주장을 따르는 아르멘타노는 자유시장에서 발생하는 어떤 독점현상도 사악하지 않다고 한다. 라스바드의 독점이론은 주류경제학인 신고전파뿐만 아니라 같은 (신)오스트리아학파의 독점이론의 대표적 학자인 미제스와 커즈너와도 다르다.

라스바드는 독점가격의 이론을 조사하기 전에 독점의 정의에서부터 살펴볼 필요성이 있다고 한다. 왜냐하면, 독점에 관한 문헌들이 엄청나게 많은데도 불구하고 정의가 명확하지 않고 애매함과 혼돈이 존재하기 때문이다. 즉, 거의 대부분의 경제학자들이 독점에 대해 일관적 함의를 갖춘 정의(定義)를 내리지 못하고 있기 때문이다.

주류경제학인 신고전파 학자를 비롯한 대부분의 경제학자들이 대체로 동의하는 대표적 정의는 다음과 같다. "어떤 한 기업이 그 가격에 대한 통제력을 지니고 있을 때 독점이 존재한다." 라스바드는 다음과 같은 이유로 이 정의는 혼란과 불합리성이 존재한다고 비판한다.[31)]

가격에 대한 유일한 통제는 당사자 자신의 행동에 대한 것이다. 즉, 어떤 가격으로 교환할 것인지에 관한 자신의 결정을 통제할 뿐이다. 어떤 생산자도 자신이 판매할 재화에 대해 어떤 가격이든 부여할 수 있다. 문제는 그 가격에 구매자를 발견할 수 있을 것인가이다. 마찬가지로 어떤 구매자도 자신이 구매할 가격을 결정할 수 있다. 문제는 역시 그 가격에 판매자를 찾을 수 있을 것인가이다. 시장에서 매일매일 가격들이 형성되는 것은 바로 이런 구매가격과 판매가격들의 호가과정을 통해서이다. 이 과정을 통해 자유시장에서 결정된 가격은 양 당사자들이 '자발적'으로 합의한 것이다. 따라서 자유시장의 교환에서는 양 당사자 어느 측에 의해서

31) Rothbard : 772-3 참조.

도 가격에 대한 '통제' 같은 것이 존재하지 않는다. 즉, 가격은 상호적 현상이므로 어느 한 당사자에 의한 절대적 통제는 존재하지 않는다. 그러나 위의 정의에는 어떤 기업이 가격에 대한 통제력을 지니고 있다. 그러므로 그 정의는 혼란과 불합리성이 존재한다.

그러나 신고전파들이 보통 가정하듯이, 다음과 같은 반박이 있을 수 있다. 대규모 자동차 생산자인 헨리 포드와 소규모 밀 재배 농부 간의 가격 통제력에 엄청난 차이가 존재하지 않는가?[32] 이에 대해 라스바드는 역시 위의 논리에 입각하여 다음과 같이 반박한다.[33]

그 둘 모두 정확하게 똑같은 정도로 통제력을 행사하거나 혹은 하지 못한다. 자신들이 받고자 하는 가격에 대해 완전한 통제력을 행사한다. 그러나 최종적으로 이루어지는 가격에 대해서는 전혀 통제력을 행사하지 못한다. 농부도 포드와 마찬가지로, 자신이 원하는 그 어떤 가격이든 구매자들에게 자유롭게 요청할 수 있으며, 그 가격에서 구입하려는 구매자들을 찾을 자유를 지니고 있다. 만약 높은 가격에서 구

32) 여기서 대규모와 소규모라는 것이 절대적인 규모를 의미하는 것이 아니다. 시장규모에 비해서 점유율이 높은가 낮은가 이다. 미국 밀 재배 농부의 재배규모는 절대적으로는 아주 크다. 그러나 밀시장 규모에 비해서는 아주 작다.

33) Rothbard : 773-5 참조.

입할 구매자를 발견한다면 그보다 낮은 가격으로 구매할 구매자에게 팔도록 전혀 강요당하지 않는다. 그러므로 대규모 생산자든 소규모 생산자든 모두 다 자신들이 받고자 하는 가격에 대해 완전한 통제력을 행사하는 것이다. 이와 같이 모든 판매자는 자신의 생산물을 가능한 한 가장 높은 가격에 판매하려고 할 것이고, 마찬가지로 모든 구매자도 역시 가능한 한 가장 낮은 가격에서 구입하려고 시도할 것이다. 이런 식으로 행동하는 구매자들과 판매자들 간의 자발적인 상호작용으로 시장가격이 결정된다. 그러나 최종적으로 결정된 시장가격에 대해서는 소규모 생산자뿐 아니라 대규모 생산자도 전혀 통제력을 행사하지 못한다. 왜냐하면 시장가격은 방금 설명한 것처럼 구매자들과 판매자들 간의 자발적인 상호작용으로 결정된 것이기 때문이다. 만약 대규모 생산자가 그 가격보다 높은 가격을 요청하면 원하는 만큼 팔리지 않거나 극단적으로는 전혀 팔리지 않기 때문이다.

이와 같이 최종적으로 결정된 시장가격에 대해서는 대규모 생산자든 소규모 생산자든 똑같이 통제력을 행사할 수 없으므로 둘 다 똑같이 가격수용자이다. 그리고 그 시장가격이 결정되는 과정에서 자신들이 받고자 하는 가격에 대해서는 대규모 생산자든 소규모 생산자든 모두 똑같이 완전한 통제력을 갖고 있으므로 둘 다 똑같이 가격설정자이다. 그런데도 불구하고 주류인 신고전파는 대규모 생산자는 시장가격에 대해 설정자인 반면 소규모 생산자는 수용자라고 잘못된 가정을 하고 있다.

그리고 앞에서 지적한 것처럼 소규모 생산자나 대규모 생산자 모두 자신의 판매량을 증가시키려 하면 가격을 낮출 수밖에 없다. 그런데도 불구하고 주류경제학은 소규모 생산자를 무조건 가격수용자로 전제하고 가격을 하락시키지 않고도 판매량을 증가시킬 수 있다는 그릇된 결론을 도출하고 있다. 가격이 결정되는 과정에서는 모두 다 가격설정자이다.[34] 그러므로 구매자가 실제로 구입을 허용하는 한도 내에서 최고 가격을 부과하는 판매자를 비난하고 이를 독점의 신호로 받아들이는 것은 난센스이다.

한편 주류경제학은 포드는 농부가 갖지 못한 브랜드 네임이나 상표를 지니고 있어서 독점력을 획득한다고 주장한다. 이에 대해서도 라스바드는 다음과 같이 반박한다.[35] 브랜드 네임은 소비자들의 욕구로부터 나온다. 다시 말하면, 브랜드 네임은 소비자가 선호하므로 형성되는 것이다. 따라서 브랜드 네임은 소비자 수요의 결과이지 판매자가 통제력

---

34) 따라서 완전경쟁 혹은 순수경쟁에서도 기업이 직면하는 수요는 완전 탄력적이 아니다.

35) Rothbard : 775-6 참조.

을 행사함으로써 획득된 결과가 아니다.

라스바드는 이상과 같이 기존의 정의에는 애매함과 혼돈이 존재하기 때문에 일관된 함의가 결여되어 있다고 비판한다. 이에 따라 그는 일관적 함의를 갖는 독점의 정의를 내리고자 시도하였다.

그는 일관적 함의를 갖춘 독점의 정의로 세 가지가 가능하다고 한다. 첫째는 어떤 주어진 재화의 유일한 판매자이다. 둘째는 국가가 특정한 생산 분야를 특정인 혹은 집단에게 부여하는 특권이다. 셋째는 독점가격을 달성한 사람이다.[36] 그는 두 번째 정의만이 진정한 독점이라고 한다.

첫째 정의는 어떤 주어진 재화의 유일한 판매자이다. 이것은 일관성은 있지만 너무나도 광범위하고 포괄적이라서 매우 부적절한 것으로 그는 평가한다. 개별 제품들 사이에 소비자가 조금이라도 차이를 느끼면 그 개별 생산자와 판매자는 독점자가 된다. 모든 제품은 생산자에 따라 조금씩 다를 수밖에 없으며, 물리적으로 똑같은 제품이더라도 판매되는 시간과 장소에 따라 다르게 평가되고, 그리고 소비자들에 따라 다르게 평가되므로 동질의 제품이 존재할 수 없다. 따라서 모든 생산자나 판매자는 독점자가 된다. 그러므로 이

---

36) Rothbard : 776 참조.

정의는 일관성이 있지만 현실분석에 매우 부적절하고 혼란만 야기할 뿐이라고 그는 평가한다.[37)]

세 번째 정의는 독점가격을 달성한 사람이다. 그는 이 정의와 관련하여 독점가격뿐만 아니라 경쟁가격도 함께 비판하고 있다. 자유시장에서는 독점가격과 경쟁가격을 구분할 어떤 방법도 존재하지 않고, 오로지 자유시장가격[38)]만 존재한다.[39)]

여기서 독점가격이란 주류경제학에서 정의하는 독점가격을 의미하는 것이 아니다. 미제스가 정의한 것을 의미한다. 즉, 독점자가 더 높은 가격에 더 적은 양을 판매함으로써 더 높은 순수입(즉, 이윤)을 확보할 수 있을 때 그 가격이다.[40)] 주류경제학의 독점가격이란 독점이 됨으로써 발생하는 가격이다. 즉, 독점력을 이용하여 생산을 제한하여 설정한 높은 가격이다. 그러나 미제스는 독점이더라도 수요가 탄력적일 경우 가격이 상승되지 않는다고 한다. 가격상승이 수입

---

37) Rothbard : 776-9 참조.

38) 자유시장가격이란 자유시장에서 나타나는 모든 가격을 의미한다. 신고전파의 경쟁가격, 독점가격 등 모든 가격이 포함된다. 단 국가 등에 의한 강제에 의해서 발생하는 독점가격은 제외된다.

39) Rothbard : 799-802 참조.

40) Rothbard : 783 참조.

의 하락을 통해 이윤이 감소하기 때문이다. 수요가 비탄력적일 경우에만 가격이 상승된다. 독점이 문제가 되는 것은 수요가 비탄력적일 경우이다. 따라서 그는 독점가격을 위와 같이 정의를 내린다.

주류경제학의 독점가격에 대한 정의뿐만 아니라 미제스의 독점가격에 대한 정의도 암묵적으로 다음과 같은 가정을 전제한 것이다. 더 높은 독점가격을 비교할 경쟁가격이 실제로 존재한다는 가정이다. 그러나 시장에서는 구별 및 확인이 가능한 경쟁가격이 존재하지 않으며, 따라서 시장에서 형성되는 어떠한 가격을 독점가격으로 정의할 수 있는 방법이 없다. 비록 생산량을 제한함으로써 달성되는 더 높은 가격을 독점가격이라고 하더라도, 그 정의에 따르면 경쟁가격도 독점가격이 되는 모순도 발생한다. 그 이유는 다음과 같다.

현실세계에서 수요곡선은 단순히 생산자에게 주어져 있지 않으며, 추정되고 발견되어야 한다. 가령 어떤 생산자가 이윤극대화로 추정되는 양을 생산하여 판매한 결과, 너무 많이 생산한 것을 알게 되었다. 즉, 생산량 전체를 낮은 가격으로 판매하는 것보다 보다 적은 양을 높은 가격으로 판매하는 것이 이윤을 극대화시킨다는 것을 알게 되었다. 그러면 그는 다음 기간에는 더 적은 양을 생산하고 공급할 것이다. 이 과정에서 가격은 상승하게 된다. 이런 가격 상승을 독점가격이라고 할 근거가 없다. 왜냐하면, 주류경제학이 명명하는 경쟁기업이든 독점기업이든 그 어떤 생산자도 이윤이 극대화되도록 생산을 조정할 것이기 때문이다. 독점기업뿐 아니라 경쟁기업도 과다생산으로 확인되면 이윤극대화를 위해 생산과 공급을 감소시켜 가격을 상승시킨다. 따라서 생산량(또는 공급량)을 제한함으로써 달성되는 더 높은 가격이 독점가격인지 경쟁가격인지 알 수 없다. 즉, 시장에서는 구별 및 확인이 가능한 경쟁가격이 존재하지 않는다.

따라서 비록 생산량(또는 공급량)을 제한함으로써 달성되는 더 높은 가격을 독점가격이라고 하더라도, 그 정의에 따르면 경쟁가격도 독점가격이 되는 모순이 발생한다. 위에서 본 것처럼, 경쟁기업도 과다생산을 했을 때 생산량을 제한하여 더 높은 가격을 설정하기 때문이다.

이와 같이 생산(또는 공급)을 제한하고 가격을 높이는 방법이 이윤을 극대화시킨다면 어떤 생산자도 그와 같은 행위를 하므로, 독점가격을 더 적은 양의 제품을 생산(또는 공급)함으로써 얻게 되는 더 높은 가격으로 정의하는 것은 의미가 없다. 이런 맥락에서 독점가격과 비교해야 할 경쟁가격을 정의할 방법도 또한 없다. 그러므로 자유시장에서는 독점가격과 경쟁가격을 구분할 어떤 방법도 존재하지 않고 오로지 자유시장가격만 존재할 뿐이다.

이에 대해 일부 학자들은 어떤 기업이 영구적인 독점이윤을 달성시키는 가격을 독점가격이라고 한다. 그러나 라스바드는 자유시장에서는 영구적 독점이윤은 결코 존재하지 않는다고 반박한다.[41] 왜냐하면, 자유시장에서는 독점이윤이 존재하면 새로운 생산자가 진입하면서 요소들을 고용함으로써 요소가격이 상승하고, 그 결과 독점이윤이 요소소득으로 모두 전환되기 때문이다.[42] 또한 독점이윤을 초래하는 그런 가격을 달성한다면 새로운 대체재의 등장으로 다른 재화로 대체할 수 있다. 따라서 독점이윤은 영구적으로 존재할 수 없다. 그러므로 자유시장에서 결정되는 가격은 단지 자유시장가격일 뿐이지 경쟁가격과 독점가격과 같은 것은 없다.

이상에서 본 바와 같이 첫째 및 셋째 정의는 문제가 있다. 그는 다음과 같은 논리로 두 번째 정의가 타당한 것으로 평가한다.[43] 두 번째 정의는 국가가 특정한 생산 분야를 특정인 혹은 집단에게 부여하는 특권이다. 국가에 의해서 다

41) Rothbard : 786-91, 803-4 참조.

42) 단지 토지 혹은 노동요소의 소유자에게 독점이득이 존재할 뿐이다.

43) Rothbard : 779-82 참조.

른 생산자들이 그 특정한 생산 분야로 진입이 금지되어, 특권을 받은 그들만이 그 특정분야의 생산을 독점하고 영구적인 독점이윤을 획득할 수 있다. 이것은 앞에서 살펴 본 자유시장에서 발생한 독점현상과는 다르다. 자유시장에서 발생한 독점은 진입이 금지되고 경쟁이 배제되어 있는 것이 아니다. 또한 자유시장에서는 소비자의 선호에 의해 독점현상이 나타나더라도 그대로 지속되지 않는다. 보다 높은 독점이윤에 입각하여 새로운 기업이 진입할 수 있기 때문이다. 그러나 국가간섭에 의한 독점의 경우에는 진입이 금지되어 있으므로 경쟁이 배제되고 독점은 지속적으로 유지된다. 그러므로 국가간섭에 의한 독점이 진정한 독점이고, 그로 인한 가격이 진정한 독점가격이다. 이것은 독점이 오직 국가간섭에 의해서만 발생한다는 것을 의미하고, 국가간섭으로 만들어진 반독점법이 오히려 독점법이 된다는 것을 시사하고 있다.

이런 논리에 입각하여 그는 주류경제학이 분류하는 시장구조가 잘못된 것이며, 의미가 없다고 한다. 현실에는 자유시장과 규제시장만 있고, 가격도 자유시장가격과 (국가의 간섭에 의한 독점가격을 포함하는) 규제가격만 있을 뿐이다.

라스바드는 앞에서 본 바와 같이, 개인적 자유주의와 인간행동에 입각하여 신고전파 독점이론을 비판하면서 논리

정연하고 현실적용성이 높은 독점이론을 제시하고 있다. 개인적 자유주의와 인간행동에 입각하여 경제논리를 전개하는 학파가 라스바드가 속해 있는 (신)오스트리아학파이다. 그 학파의 학자들 중 라스바드 이외에 독점이론을 제시한 대표적 학자로 미제스와 커즈너가 있다. 이들의 독점이론은 라스바드와 상이한 점이 있다. 이런 차이점을 고찰하는 것이 라스바드 독점이론이 지니고 있는 논리성과 현실성을 검토할 수 있는 한 방편이 된다.

미제스는 독점에 대해 다음과 같이 정의를 내리고 있다.[44] 독점은 어떤 상품의 총공급이 하나의 판매자 혹은 한 집단의 판매자에 의해 통제될 때 존재한다. 이 정의는 라스바드가 내린 첫 번째 정의인 유일한 판매자이다. 이 정의는 라스바드가 지적하였듯이 너무나 포괄적이어서 현실적으로 부적절하다.[45]

미제스도 이런 내재적 난점을 인식하고, 독점가격과 그로 인한 소비자후생의 침해로 관심을 돌린다. 수요가 비탄력적인 제품인 경우 생산자가 자신의 소득을 극대화하기 위해 생산을 제한함으로써 경쟁가격과 다른 독점가격이 출현하

44) Mises : 709 참조.

45) Armentano : 8–9 참조

며, 그런 가격은 소비자 지상주의(즉, 소비자주권)와 시장 민주주의를 침해한다고 그는 주장한다.[46]

미제스의 이런 주장도 앞에서 살펴 본 라스바드의 논리에 의하면 역시 타당성이 결여되어 있다.[47] 첫째, 독점가격에 대해 정의를 내릴 수 없는데도 불구하고 정의를 내리고 있다. 앞에서 본 바와 같이, 라스바드는 독점의 세 번째 정의(독점가격을 달성한 사람)를 검토하면서, 자유시장에서는 독점가격과 경쟁가격을 구분할 어떤 방법도 존재하지 않고 오로지 자유시장가격만 존재할 뿐이라고 비판했다. 둘째, 미제스는 소비자후생을 소비자주권에 의해 평가하고 있음을 알 수 있다. 7.1에서 본 바와 같이, 라스바드는 소비자후생은 소비자주권이 아니라 소비자와 생산자의 개인자기주권에 의해 평가되어야 한다고 주장한다. 그는 수요의 비탄력성을 이용하여 높은 가격이 설정된다 하더라도, 소비자가 그 높은 가격을 자발적으로 선호하므로 소비자의 자기주권이 충족되고, 그 결과 그 높은 가격은 소비자의 후생을 침해하는 것이 아니라고 비판했다.[48] 소비자가 그런 높은 가격을 받아들인

---

46) Mises : 730-1 참조

47) Armentano : 9-10 참조.

48) 4장 참조.

다는 것은 생산자의 강제가 아니라 소비자 자신이 자발적으로 선택한 것이다. 소비자는 소비 격감이나 불매운동 등을 통하여 수요를 탄력적으로 만드는 방법이 있는데도 불구하고 그들은 비탄력적인 수요를 스스로 택한 것이다.

한편 커즈너는 독점에 대해서 다음과 같이 정의를 내리고 있다.[49] 어떤 구체적 자원의 모든 양에 대한 배제적인 소유권 혹은 통제이다. 이런 자원의 독점은 어떤 구체적인 재화의 생산에 대한 진입을 방해할 수 있고, 경쟁과 시장의 조정과정을 방해한다. 독점적 생산자는 자신의 생산물에 대한 경쟁적 진입을 막을 수 있도록 필수 생산요소를 배제적으로 소유하고 있는, 즉 독점하고 있는 사람이다.

이와 같이 커즈너는 자원의 독점을 생산물 독점의 원인으로 지적하고 있다. 그러나 라스바드가 지적한 것처럼 모든 자원은 독점이다. 그러면 모든 생산물도 독점이 된다. 이 논리에 따르면 경쟁과 시장과정의 설명이 불가능해진다.[50]

더구나 커즈너 자신이 정확히 피력한 경쟁과 시장과정에 대한 견해에 의해 자신의 독점 정의를 검토하면, 자신의

49) Kirzner : Chapter 1 참조.

50) Armentano : 9-10 참조.

견해가 무력화된다.[51] 그는 시장과정을 앞에서 언급한 것처럼 다음과 같은 것이라고 본다. 판매자들이 잠재적 구매자들에게 보다 매력적인 기회를 제공함으로써 라이벌에게 끊임없이 대항을 시도하는 과정으로 보고 있다. 이 과정은 선천적으로 경쟁적이다. 그러므로 자유시장에서는 결코 진입을 방해하는 장벽이 없으므로 시장 진입에 대한 자유는 절대적인 것이다. 다시 말하면, 경쟁의 주요소는 진입의 자유이다.[52] 이와 같이 시장과정에서는 필연적으로 경쟁이 발생한다고 주장하면서 자원의 독점적 소유에 의해 경쟁의 가능성이 제거될 수 있다는 주장은 모순이다. 5.3에서 본 바와 같이, 자유시장에서는 구입과 판매의 자유가 존재하기 때문에, 심지어 자원에 대한 독점 소유권도 구입과 판매가 가능하므로 그 자원에 대한 접근이 가능하다. 또한 잠재적 라이벌 기업가가 자원의 새로운 공급을 탐색하여 이용할 수도 있다. 따라서 자원의 독점으로 경쟁의 가능성이 배제될 수 없다.

한편 커즈너는 자원의 독점이 그 자원의 제한된 이용, 높은 가격, 자원 이용자의 보다 큰 잉여를 초래할 것으로 주장한다. 중요한 것은 그 독점 소유권이 시장에서 소비자선호

---

51) Armentano : 9−10 참조.

52) Kirzner : Chapter 1 참조.

에 부응하지 않는 상태로 자원이 이용되도록 유인을 발생시키므로 해로운 효과를 가지고 있다고 주장한다. 즉 소비자의 선호가 충족되지 않도록 자원이 이용되고 가격은 높아진다고 주장한다. 그러나 라스바드가 개인자기주권에 입각하여 설명한 자원배분의 효과로 검토해보면, 이 주장 역시 타당성이 없다는 것을 알 수 있다. 5.3에서 본 바와 같이, 자유시장에서 자원은 소비자의 선호와 판매자의 선호가 동시에 달성되도록 이용되므로 자원을 독점하더라도 소비자의 선호를 침해하는 해로운 효과를 초래하지 않는다.[53)]

이와 같이 라스바드 이론은 미제스나 커즈너와 달리 논리 전개상 모순이 드러나지 않고 있다. 이런 점에서, 라스바드의 독점이론은 일반적 (신)오스트리아학파의 방법론 즉 개인적 자유주의 및 인간행동학적 분석방법론에 완전히 일치하는 것으로서 논리 정연하고 현실적용성이 높은 유일한 이론으로 평가되고 있다. 부연하면, 라스바드의 이론은 정책을 입안하는 데 도움을 줄 수 있는 강력한 도구로 평가되고 있다.[54)] 이런 연유로 인해 라스바드 이론은 최근까지 반독점법을 비판하는 대다수의 논문들에서 이론적 토대를 형성하고

---

53) Armentano : 9-10 참조.

54) Armentano : 11-2 와 Powell and Stringham 참조.

있다.

이상에서 본 바와 같이, 라스바드를 비롯한 최근의 (신)오스트리아학파는 자유시장에서 발생한 독점은 소비자후생과 자원배분을 악화시키지 않으므로 사악하지 않다고 한다. 반면 국가간섭에 의한 독점의 대다수는 오히려 소비자후생과 자원배분을 악화시키므로 사악하다고 한다.

자유시장에서 형성되는 그 어떤 가격도 그것이 주류경제학이 명명하는 경쟁가격이든 독점가격이든 상관없이 소비자도 선호하고 판매자도 선호하는 가격이다. 소비자의 자기주권과 판매자의 자기주권이 동시에 실현되는 가격이다. 따라서 그 가격에서 이루어지는 생산량도 효율적인 자원배분을 충족시킨다. 이것은 주류경제학의 분석이 인과관계를 거꾸로 도출하고 있다는 것을 의미한다. 주류경제학이 분류한 시장구조가 기업의 행동에 영향을 주는 것이 아니라 기업의 행동으로 나타난 결과가 그들이 분류한 시장구조인 것이다.

만약 정부가 주류경제학에서 독점가격으로 규정하는 그런 가격을 규제한다면 판매자의 선호는 물론 소비자의 선호를 침해하는 것으로서 판매자뿐 아니라 소비자의 자기주권을 강제하는 폭력적인 간섭이 된다.

그러므로 독점가격이 나쁘고 경쟁가격이 좋은 것이라는 기준은 그릇된 것이다. 자유시장에서 형성되는 그 어떤 가격도 나쁜 것이 아니다. 자유시장에서 형성되는 가격(자유시장가격)이 나쁜 것이 아니라 오히려 그런 가격이 형성되지 못하도록 규제하는 것이 나쁜 것이다. 자유시장가격은 소비자와 판매자의 자기주권을 동시에 달성하는 가격인 반면 규제가격은 소비자와 판매자의 자기주권을 동시에 침해하는 가격이다.

이런 점에서 자유시장(가격) 이외에는 소비자수요(선호)의 만족을 더 잘 개선시킬 수 없다는 결론이 도출된다. 오직 자유시장(가격)만이 지상에서 희소성이라는 인간의 조건을 개선하는 장치이다.

08 카르텔

기업들이 가격과 생산량을 협의하여 결정하는 것을 담합이라고 한다. 이런 담합행위를 위해 결성한 기업들의 모임을 카르텔이라고 한다. 거의 모든 국가에서 카르텔을 부당한 공동행위로 하여 규제 및 처벌을 하고 있다. 왜냐하면, 카르텔이 형성되면 경쟁이 배제되고 독점적인 행동을 할 수 있으므로 독점가격이 형성되고, 그 결과 소비자의 후생 및 자원배분이 악화된다고 생각하기 때문이다.

과연 카르텔이 그렇게 사악한 것인가? 이에 대해 라스바드를 비롯한 (신)오스트리아학파의 학자들은 그렇지 않다고 반박하고 있다. 특히 라스바드는 앞에서 언급한 자신의 독점이론에 입각하여 카르텔이 형성될 수 있는 것은 소비자가 비탄력적인 수요를 선호하기 때문에 가능하다는 것이다.[1] 만약 소비자가 카르텔 행위로 인해 설정된 독점가격에 대해 화가 난다면 불매운동과 수요격감 등으로 수요를 탄력적으로 변경할 수 있다. 그런데도 불구하고 소비자가 수요를 탄력적으로 변경하지 않는다는 것은 탄력적인 수요보다 비탄력적인 수요를 선호한다는 것을 나타내는 증거이다. 그의 독점가격이론에서 강조한 것처럼, 카르텔이 비탄력적인 수요를 만드는 것이 아니라, 소비자가 비탄력적인 수요를 선호함으로써 카르텔이 형성될 수 있는 것이다. 이와 같이 카르텔은 소비자의 선호를 충족하는 것이므로 사악한 것이 아니다.

한편 라스바드는 카르텔은 본질적으로 불안정하다고 주장하고 있다.[2] 카르텔은 내재적인 갈등으로 붕괴되거나 그렇지 않으면 외부적인 요인으로 붕괴된다고 한다. 내부적인 요인으로 붕괴되는 과정은 다음과 같다. 수요가 변할 경우, 그에 따른 생산량의 할당을 다시 정할 때 각 기업들은 더 많은 이익을 획득하도록 시도하기 때문에 갈등이 발생하고 그 갈등은 쉽게 해결되지 못하고 카르텔을 탈퇴할 것이고 그 결과 카르텔은 붕괴할 것이다. 또한 기술수준의 향상 등으로 어느

1) Rothbard : 745−52 참조.

2) Rothbard : 761−2 참조.

기업의 비용이 낮아지면 타 기업에 비해 경쟁력이 높아지므로 카르텔을 탈퇴할 것이고 그 결과 붕괴될 것이다. 한편 수요나 비용 조건이 변하지 않더라도 어느 기업이 협정을 위반하여 혼자서 낮은 가격으로 더 많이 판매를 하면 이윤이 높아질 수 있으므로 위반할 가능성이 높게 되어 카르텔은 붕괴된다.

물론 주류경제학도 이와 유사한 견해를 갖고 있다. 하지만 다음과 같은 차이점을 보이고 있다. 주류경제학은 현실에는 카르텔 유지를 위해 협정을 준수하도록 하는 여러 가지 수단이 동원되고 있고, 그 결과 카르텔은 붕괴되지 않고 유지되는 경우가 많다고 주장한다. 수요나 비용 조건의 변화에 따른 생산 및 판매량을 재배정하는 과정에서 갈등으로 탈퇴한 기업들과 그리고 협정을 위반하고 낮은 가격으로 판매하는 기업들에게 남아 있는 기업들이 집단적으로 보복하는 수단을 동원함으로써 붕괴되지 않고 유지된다는 것이다. 하지만 카르텔이 이런 수단을 사용하여 위반자를 강제하는 것은 비자발적 카르텔이다. 비자발적 카르텔은 개별생산자의 행동을 강제하는 것으로서 개별생산자의 자기주권을 침해하는 패권주의적 특성을 갖고 있다. 이런 강제는 소비자들의 자기주권도 침해하는 것이다. 탈퇴한 생산자들과 거래할 자유를 박탈하기 때문이다. 반면 자발적 카르텔은 위에서 언급한 것처럼 소비자의 자기주권과 생산자의 자기주권이 실현되는 것이다.

만약 카르텔이 내부로부터 붕괴되지 않는다면 외부적 요인에 의해 붕괴될 가능성이 더욱 높다. 카르텔의 형성으로 독점이윤을 획득한다면, 새로운 기업들이 진입을 할 것이다. 따라서 카르텔에 속한 기업들의 판매량은 감소하여 그들의 수익이 감소된다. 그 결과 협정가격이 유지될 수 없으므로 카르텔은 붕괴될 것이다. 즉, 경쟁의 압력으로 카르텔이 붕괴된다. 붕괴가 되지 않기 위해서는 새로운 기업의 진입을 저지해야 한다. 그러나 이것도 역시 자유경쟁을 규제하는 것이다.

이상에서 본 바와 같이, 자발적 카르텔은 사악한 것이 아니라 소비자의 선호를 반영하는 것이다. 단지 비자발적인 카르텔과 새로운 기업의 진입저지를 위한 폭력적인 활동만이 사악한 것이다. 따라서 자발적인 카르텔을 규제해야 할 것이 아니라, 카르텔의 협정을 강제하는 비자발적인 카르텔과 폭력적인 진입저지 활동을 규제하고 처벌해야 할 것이다.[3] 다시 말하면 자유경쟁을 방해하는 행위를 규제해야 할 것이다. 이것은 또한 소비자들의 집단적인 불매운동에 대해

3) 전용덕 : 108-25 참조.

서도 시사점을 제시하고 있다. 소비자들도 생산자들처럼 담합하여 가격하락을 위한 불매운동을 전개할 자유가 있다. 하지만 집단적인 불매운동을 할 경우, 참여하지 않는 소비자들에게 협박과 폭력을 통해 강제적으로 참여시키는 것은 비자발적 불매운동이다. 이것은 개별소비자의 행동을 강제하는 것으로서 개별소비자의 자기주권을 침해하는 패권주의적 특성을 갖고 있다. 이런 강제는 생산자들의 자기주권도 침해하는 것이다. 참여하지 않은 소비자들과 거래할 자유를 박탈하기 때문이다. 따라서 자발적인 불매운동은 허용하되 강제적인 불매운동은 규제하고 처벌해야 하는 것이다.[4] 이와 같이 소비자의 자기주권과 생산자의 자기주권이 실현되기 위해서는 자발적 교환 및 자유경쟁을 보장해야 하는 것이다.

4) 전용덕 : 108-25 참조.

09 노동조합의 임금교섭과 정부의 최저임금제는 노동자를 돕는가?

노동조합의 임금교섭은 일종의 카르텔이고, 최저임금제는 국가가 노동자들에게 특권을 부여하는 것으로서 라스바드가 정의한 독점에 해당한다. 통상적으로 노동조합의 임금교섭과 최저임금제는 노조와 국가가 노동자의 보다 높은 임금을 위해 시행되는 것이다. 이 장에서는 노조의 임금교섭과 국가에 의해 시행되는 최저임금제가 과연 이런 목적을 달성시키는지 그리고 소비자후생과 자원배분에 어떤 영향을 주는지를 분석한다. 노조의 단체교섭과 최저임금제의 효과를 차례로 분석해 보자.

9.1 노동조합의 임금교섭 효과

노동조합 및 노동관계조정법은 노동조합이 노동자의 근

로조건과 경제조건의 개선을 위해 존재하는 조직인 것으로 규정하고 있다. 노동조합은 노동자의 근로조건을 개선하기 위해 노동자들을 대표하여 단체교섭을 한다. 단체교섭을 시도하면 카르텔처럼 높은 소득을 창출할 수 있다고 생각하기 때문이다.

앞에서 자발적 카르텔은 소비자선호를 충족한 결과이며 개별생산자의 선호(즉 자기주권)도 충족하고 있으므로 사악하지 않다는 점을 보았다. 그렇다면 노동조합도 노동자들이 자발적으로 형성한 것이므로 소비자선호와 노동자의 선호를 충족한 것일까?

먼저 노동조합이 단체교섭을 통해서 개별노동자의 선호를 충족시키는지를 살펴보자. 다시 말하면, 노동조합이 개별노동자에게 더 높은 소득을 제공하는지를 살펴보자. 노동조합이 없다면 개별노동자의 임금은 노동에 대한 수요와 공급이 일치하는 곳에서 결정된다. 이렇게 결정된 임금을 시장임금이라고 한다. 노동조합의 단체교섭을 통한 임금은 일반적으로 시장임금보다 높다. 그 이유는 다음과 같다. 첫째, 노조의 목표 중 하나는 시장임금보다 높은 수준을 달성하는 것이기 때문이다. 노조가 시장임금보다 높은 수준을 달성하지 않는다면 구태여 노동자들은 노조의 단체교섭을 통해 임금계

약을 할 필요가 없다. 둘째, 노동조합은 그 목표를 달성하기 위해 단체교섭을 함으로써 독점기업처럼 행동할 수 있기 때문이다. 따라서 노동조합의 단체교섭을 통한 임금수준은 일반적으로 높아진다. 그 결과 고용이 감소하고 해고자가 발생한다.

노조의 단체교섭을 통한 임금상승과 고용의 감소는 독점기업의 가격상승과 판매량의 감소와 같은 것처럼 보인다. 그러나 노조의 단체교섭에 의한 임금결정은 독점기업의 가격설정과 차이가 있다. 4장에서 본 바와 같이 독점기업은 수요가 비탄력적일 경우에만 가격을 상승시킨다. 수요의 법칙에 따라 가격을 상승시키면 수요량 즉 판매량이 감소하기 때문에 한편으로는 가격상승에 의한 수입이 증가되지만 다른 한편으로는 판매량 감소에 의한 수입의 감소를 수반한다. 따라서 가격상승에 의한 수입의 증가분이 판매량 감소에 의한 수입의 감소분보다 클 때, 독점기업은 가격을 상승시킨다. 즉, 독점기업은 수요가 비탄력적일 경우에만 가격을 상승시킨다. 그러므로 독점기업의 가격상승 시도는 판매량 감소로 인한 수입의 감소 때문에 제약을 받는다. 이와 같이 독점기업은 가격상승 시 판매량 감소에 의한 수입의 감소를 자신이 부담하기 때문에 가격을 무조건 올릴 수 없다.

반면 노동조합의 가격상승(즉 임금상승) 시도에는 독점 기업의 가격상승을 제약하는 힘이 작동하지 않는다.[1] 노조가 임금인상으로 인한 해고자의 소득상실에 대해 책임져야 한다면 노동조합의 임금상승 시도를 제약하는 힘이 작동하지만, 책임지지 않아도 되기 때문에 제약하는 힘이 작동하지 않는다. 노동자들이 고용주와 개별교섭을 하면 임금은 수요와 공급이 일치하는, 즉 해고자가 발생하지 않는 임금으로 결정된다. 이 임금이 시장에서 수요와 공급에 의해 결정되므로 시장임금이다. 따라서 임금이 시장임금보다 높아지면 기업은 고용량을 감소시킬 수밖에 없다. 만약 노조가 교섭을 통해 시장임금보다 더 높은 임금을 성취한다면 해고자가 발생할 수밖에 없다. 따라서 해고자를 발생시키지 않으려면 노조가 시장임금보다 더 높은 임금을 성취해서는 안 된다. 그런데 노조가 노동자를 위한 조직인데 어떻게 시장임금보다 더 높은 임금을 성취할 수 있을까? 노조가 해고자의 소득상실에 대해 걱정을 할 필요가 없을 때 가능하다. 어떻게 그것이 가능할까? 노동자는 누구나 자신을 소유하고 있기 때문에, 노조에 의한 임금상승으로 해고된 노동자들과 해고되지 않고 증가된 소득을 얻는 노동자들은 다른 사람이다. 개별 노동자

1) Rothbard : 819-20 참조.

들은 다른 노동자들의 소득보다는 자신의 소득에 관심을 둔다. 따라서 노조는 임금인상으로 해고자가 발생하더라도 해고되지 않고 소득이 높아지는 노동자들로부터 지지받을 수 있다. 그 결과 노조는 해고자의 소득상실을 고려하지 않고 무시할 수 있다.

이런 반박이 있을 수 있다. 노동조합이 조합원의 해고에 대해 격렬히 투쟁하는데, 어떻게 노조가 조합원의 해고를 묵인하는가? 실상은 조합원들이 스스로 자신들의 해고를 방관하고 있다. 그들은 노조가 있기 전에 단체교섭으로 결정된 임금보다 낮은 시장임금 수준에서 일을 하고자 했다. 그런데 그들은 왜 이제 스스로 해고를 당하면서도 노조에서 결정하는 그 높은 임금 수준을 지지하는가? 첫째, 해고가 즉각적으로 발생하지 않으므로 노동자들이 임금상승으로 해고가 발생하는 것이 아니라고 인식할 수 있기 때문이다. 예를 들면, 결원이 생기면 새로운 노동자를 보충하지 않는 방법이다. 정년이 얼마 남지 않은 노동자가 퇴임을 하거나 기타 결원이 발생하더라도 새로운 노동자를 보충하지 않는다. 둘째, 즉각적으로 해고가 발생하더라도 노동자들이 그 높은 임금 수준을 거부하는 행동, 즉 그 임금을 낮추려는 그 어떤 행동도 사

악한 짓이라는 인식이 형성되어 있기 때문이다.[2)]

그렇다면 노동자들이 어떻게 그런 인식을 형성하게 되었을까? 노동조합이 그 조직의 존속과 노동자들을 위한 단체라는 점을 표출하는 방법들 중 하나가 높은 임금 수준의 달성이다. 그 높은 임금 수준을 달성하기 위해서는 필연적으로 해고가 수반된다. 그런데 해고가 발생하면 노동자들이 노동조합을 자신들을 위한 단체로 인정하지 않게 된다. 따라서 노동조합은 높은 임금 달성으로 인한 해고를 미화시켜야 한다. 그 미화를 위해 노동조합은 노동자들이 그 높은 임금수준 미만에서 일하는 것은 사악한 행동이며, 차라리 그 임금수준에서 일을 하지 않는 것이 올바른 행동이라는 인식을 형성하려고 부단히 노력한다. 노조의 이러한 노력의 결과로 은연중 노동자들의 가슴 속에 그런 인식이 형성되었다.

이런 인식을 표출하는 행동들 중 하나가 파업이다. 노동자들은 노조가 설정한 임금을 고용주가 받아들이지 않을 때 그들이 하는 대표적인 행위가 파업이다. 그 파업행위는 노동자들이 노조가 설정한 임금보다 낮은 수준에서 일하는 것을 거부하는 것이다. 이런 경우 고용주는 낮은 시장임금 수준에서 일하기를 바라는 노동자들을 고용하려고 한다. 그러나 그

---

2) Rothbard : 825 참조.

런 노동자들은 속으로는 해고를 당하는 것보다 낮은 시장임금에서 고용되기를 바라지만, 그런 행동을 하면 자의든 타인에 의한 설득이든 자신은 비열하거나 형편없는 열등한 인간이 된다는 인식 때문에 그런 행동을 하지 못한다. 그런 행동을 하는 노동자들을 '파업파괴자'라고 하는데, 그 명칭 속에 비열하거나 형편없는 인간이라는 의미가 포함되어 있다. 이와 같이 노동자들이 파업에 참가하는 것은 그런 인식이 형성되어 있기 때문이다.[3] 따라서 노동자들이 이런 인식을 지니게 됨으로써 노조는 해고자의 소득상실에 대한 부담감이 사라진다.

이상에서 본 바와 같이, 노동자들은 다음과 같이 인식한다. 첫째, 노동자들은 타 노동자의 소득보다는 자신의 소득이 우선적이라고 생각한다. 둘째, 노조가 임금인상을 달성한 후에 노동자들은 즉각적으로 해고를 당하지 않음으로써 노조에 의한 임금상승이 해고를 발생시키지 않는다고 생각한다. 셋째, 노동자들은 자의든 타인에 의한 설득이든 해고를 당하지 않기 위해 노조가 달성한 높은 임금을 파괴하는 행위는 사악한 짓이라고 여긴다.

노동자들이 이런 인식들을 지니고 있기 때문에 노조는

3) Rothbard : 826 참조.

해고자의 소득상실에 대한 부담감이 사라지므로 임금을 상승하려는 시도에 독점기업의 가격상승과 다르게 제약을 받지 않는다. 따라서 노동조합은 해고되지 않을 노동자들의 소득만 극대화되도록 임금협상을 추진한다. 임금이 상승하면 기업은 고용량을 감소시킬 수밖에 없다. 그 결과 노조와 고용주는 암묵적으로 고용감소를 통한 임금상승에 합의한다. 다시 말하면, 노조는 공급제한으로 인한 피해, 즉 해고자의 소득상실을 자신들이 부담하지 않으면서 그 공급제한 즉 해고를 통해 임금상승을 추진하는 것이다. 이런 맥락에서 노동조합이 단체교섭을 통해 결정된 가격(즉 임금)을 독점가격과 구별하여 공급제한가격 또는 제한주의적 가격(restrictionist price)이라 한다.[4)]

이와 같이 노조에 의한 임금상승은 다음과 같은 결과를 초래한다. 어떤 노동자들은 해고되지 않고 남아서 더 높은 소득을 획득하지만 반면 다른 노동자들은 해고되어 소득을 상실하게 된다. 따라서 노동조합은 해고되지 않고 남아 있는 조합원 및 조합간부의 소득을 극대화하기 위해 다른 노동자들을 희생시킨다(즉, 다른 노동자들을 해고시킨다).

그러나 현실에는 노조의 단체교섭으로 임금이 상승하더

4) Rothbard : 819 참조.

라도 해고가 발생하지 않는 상황도 우리는 목격하지 않는가라고 반문할 수 있다. 하지만 분명히 고용감소가 존재한다. 현실에는 그 고용감소를 시각적으로 확인할 수 없는 것이 있다.[5] 첫째, 위에서 언급한 것처럼, 고용감소가 즉각적인 해고로 나타나지 않을 수 있다. 둘째, 잠재적인 고용자들이 고용되지 않는 것이다. 어떤 기업의 제품에 대한 수요가 증가하거나 또는 생산 공정에서 비용절감 혁신으로 이윤이 증가함으로써 그 기업은 번창할 것이다. 만약 노동조합이 없다면 그 기업은 더 많은 노동자를 고용할 것이다. 그러나 위와 같이 노조가 고용주와 공급제한임금을 체결하면 현재 재직 중인 노동자는 해고되지 않을 것이지만, 반면에 수요 증가와 비용 절감에 따라 창출되는 새로운 일자리를 위한 고용은 없어진다. 따라서 노조에 의한 임금교섭은 새로운 일자리를 파괴한다. 이와 같이, 노조의 단체교섭에 의한 임금결정은 어떤 식으로든지 고용을 감소시켜 일자리를 파괴하면서 (남아있는) 노조원의 소득을 높인다. 다시 말하면, 다른 노동자들을 희생시켜 일부 노동자의 소득을 높인다. 이런 점에서 노동조합이 노동자들을 위한 단체라고 볼 수 있는지 의문스럽다.

---

5) Rothbard : 824 참조.

한편 노동자들은 자의든 타인의 설득이든 노조가 설정한 임금을 파괴하는 행위는 사악한 짓이라는 인식 속에서, 스스로 그 높은 임금을 고수하면서 자발적으로 실업자가 된다. 즉 그들은 비자발적 실업자가 아니라 자발적 실업자인 것이다.[6] 따라서 노조가 설정한 임금에 의해 해고를 당하더라도 자발적으로 선택한 것이므로, 노조의 단체교섭에 의한 임금결정이 개별노동자의 선호를 충족하지 않는다고 할 수 없다.

그렇다면 자발적 선택으로 인한 실업에 대해 대책이 필요한가? 주류경제학에서는 노조가 설정한 높은 임금으로 인한 실업은 비자발적 실업으로 본다. 주류경제학에서 자발적 실업과 비자발적 실업은 현행 임금수준에서 일할 의사가 있는지 여부에 의해 분류된다. 현행 임금수준이 낮아서 스스로 실업상태에 있으면 자발적 실업이고, 현행 임금수준에서 일할 의사가 있는데도 불구하고 일자리가 없어서 실업상태에 있으면 비자발적 실업이다. 따라서 주류경제학에서는 노조가 설정한 높은 임금으로 인한 실업은 노동자들이 그 높은 임금수준에서 일을 하고 싶지만 일자리가 없어서 실업상태에 있다고 보기 때문에 비자발적 실업으로 본다. 그러므로

---

6) Rothbard : 826 참조.

주류경제학에서는 그 실업이 비자발적이므로 그것을 해소할 수 있는 대책을 수립해야 한다고 주장한다. 그러나 위에서 본 바와 같이 그것은 비자발적 실업이라기보다는 자발적 실업이다. 왜냐하면 노동자들이 그 높은 임금수준에서 해고당하는 것을 스스로 묵인했기 때문이다. 따라서 이 실업을 사회적 문제로 삼고 대책을 세워야 할 근거가 없는 것 같다.

그러나 위의 분석처럼 노조의 단체교섭에 의한 실업이 노동자들의 가치관에 따른 자발적 실업이라 하더라도 반드시 지적할 것이 있다.[7] 다수의 노동자들이 노조의 단체교섭에 의한 임금결정으로 자신들이 해고되어 실업자가 될 수 있다는 사실을 깨닫지 못하고 있다는 점이다. 왜냐하면 위에서 지적한 것처럼 그런 실업은 즉각적 또는 시각적으로 확인될 수 없는 경우가 많기 때문이다. 그래서 인간행동학에 입각한 경제논리가 필요한 것이다. 이런 맥락에서 인간행동학적 경제논리에 입각하여 노조의 단체교섭에 의한 임금결정이 실업을 초래한다는 점을 위에서 지적하였다.

이에 추가하여 한 기업 혹은 한 산업에서 이루어진 노조에 의한 임금결정이 모든 산업 즉 경제 전체의 노동시장에

---

7) Rothbard : 826 참조.

미치는 영향도 살펴 볼 필요가 있다.[8] 노조에 의한 임금교섭으로 한 기업 혹은 한 산업에서 해고된 노동자들이 실업으로부터 벗어나기 위해서는 노조가 조직되지 않은 기업 및 산업으로 이동해야 한다. 노조가 있는 기업 및 산업에서는 낮은 시장임금으로 고용되려면 비열하고 형편없는 열등한 자로 취급되지만 노조가 없는 기업이나 산업에서 낮은 시장임금으로 고용이 되더라도 그런 자로 취급되지 않기 때문이다. 그들의 이동으로 노조가 없는 기업이나 산업에서는 노동공급의 증가로 임금수준이 낮아진다. 결과적으로 노동조합에 의한 임금교섭은 남아 있는 노동자들의 임금수준을 높이는 대신 여타의 모든 노동자들의 임금수준을 낮추는 희생을 치른다. 따라서 많은 기업과 산업에서 노조가 설립될수록 한편으로는 해고자들이 많아지고 다른 한편으로는 그들이 이동할 비노조화된 부문이 감소된다. 그 결과 비노조화된 부문에서 임금수준은 형편없이 하락한다. 나아가 노동자들이 임금수준이 너무 낮아지면 일할 의욕이 감퇴되어 구직을 포기하게 된다. 따라서 기업도 현재의 시장임금보다 높일 것이지만 이 임금수준에서는 실업자들이 모두 고용될 수 없다. 이와 같이 노조가 많이 설립될수록 영구적 혹은 반영구적 대량실

8) Rothbard : 822-4 참조.

업을 초래하는 경향이 점점 더 커질 것이다. 물론 현재의 영구적 혹은 반영구적 대량실업의 원인이 노조에 의한 임금교섭 때문만은 아니다. 이에 대한 것은 추후 발간될 책에서 상세히 다루어질 것이다.

이상의 분석을 통해, 노조에 의한 임금교섭은 노동시장에 다음과 같은 영향을 미친다는 것을 알 수 있다. 첫째, 일부 노동자들의 해고라는 대가를 치르면서 남아 있는 노동자들이 높은 임금수준을 달성한다. 둘째, 해고된 노동자들은 실업상태로 있거나 혹은 비노조화된 부문에서 낮은 임금으로 취업하게 된다. 셋째, 비노조화된 부문에서 임금수준은 형편없이 낮아지거나 또는 영구적(혹은 반영구적) 대량실업이 발생한다. 넷째, 노조의 설립이 많아질수록 영구적(혹은 반영구적) 대량실업이 초래될 경향이 점점 더 커진다.

노조를 설립하고 가입하는 것은 노동자들의 자유이다. 또한 노조를 통한 임금교섭도 노동자들의 자유이다. 그러나 대다수 노동자들은 그로 인해 실업과 저임금을 초래한다는 점을 잘 인식하지 못하는 것 같다. 또한 그들은 낮은 시장임금으로 일을 하고 싶더라도 비열하고 형편없는 인간으로 낙인찍힐 것이 두려워 일자리를 포기한다. 따라서 노동자들은 이런 점들을 고려하여 노조에 의한 임금교섭 여부를 판단하면 보다 현명한 선택이 될 것이다. 노동자들이 노조에 의한 임금교섭으로 얻는 득이 피해보다 크다고 생각하면 단체교섭을 선택하고, 거꾸로 피해가 득보다 크다고 생각하면 개별교섭을 선택하면 된다.

한편 위의 결과를 반박하는 주장들, 즉 노조에 의한 임금교섭이 다른 노동자들에게 피해를 주지 않고서도 임금을 상승시킬 수 있다는 주장들이 있다. 대표적인 것 중 하나는 노동시장의 수요독점이고 다른 하나는 효율임금가설이다. 그것들을 차례로 간략히 살펴보자.

노동시장의 수요독점이란 노동시장에서 노동의 구매자(수요자)가 하나 즉 독점인 경우이다. 노동시장이 수요독점일 경우 노동의 구매자가 독점력을 이용하여 독점이득을 획득한다. 노조의 임금교섭으로 임금이 상승될 경우 그 독점이득 중 일부가 임금상승분으로 이전되므로 고용이 감소되지 않는다. 따라서 노조에 의한 임금교섭이 다른 노동자들에게 피해를 주지 않고서도 임금을 상승시킬 수 있다는 주장이 제기된다.

그러나 대부분의 노동은 한 기업에서만 고용될 수 있는 특수한 노동이 아니다. 비특수적인 노동을 소유한 노동자들은 임금 등을 고려하여 다른 기업과 산업으로 이동할 수 있다. 따라서 이런 노동에 대한 수요독점은 없다. 일부 노동은 특수한 성격을 지니고 있다. 특수성이란 노동이 제공하는 서비스나 기술이 다른 용도(기업)에는 사용될 수 없고 오직 한 용도(기업)에서만 사용되는 것이다. 따라서 수요독점이라고 생각할 수 있다. 그러나 특수노동은 기업과 노동자 간 일대일 협상에 의해 임금이 결정된다. 따라서 단체교섭에 의한 해고나 실업 등의 결과가 도출되지 않는다. 그러므로 특수노동은 논의의 대상이 아니다. 이와 같이 대부분의 노동은 수요독점이 아니므로 노조에 의한 임금교섭이 다른 노동자들에게 피해를 주지 않고서도 임금을 상승시킬 수 있다는 주장은 오류이다.[9)]

또 다른 주장인 효율임금가설을 살펴보자. 효율임금가설은 임금이 높아지면 노동자들의 생산성이 높아져 수익성이 높아진다는 주장이다. 높은 임금을 지급하면 생산성이 향상되는 이유는 근로의욕이 고취되거나 이직율이 낮아지기 때문이다. 따라서 노동조합에 의한 임금상승은 생산성과 수익성을 향상시키므로 임금이 상승하더라도 해고나 실업 등의 결과를 초래하지 않는다. 그러나 이 주장이 옳다면 노동

---

9) Rothbard : 832-4 참조.

조합에 의한 임금교섭이 필요하지 않을 것이다.[10] 고용주들은 언제나 더 큰 이윤을 획득하기 위해 스스로 임금을 상승시킬 것이기 때문이다. 이런 경우에도 노조가 구태여 임금교섭을 한다면 임금수준은 기업이 제시한 임금상승 수준보다 더 높아지는 경향이 있을 것이고, 그 결과 위에서 지적한 해고나 실업이 발생할 것이다.

지금까지 분석 결과에 따르면, 노조에 의한 임금교섭에서 노조는 일부 노동자들에게 피해를 주지 않고서는 임금을 상승시킬 수 없다는 것을 알 수 있다. 따라서 노조에 의한 임금교섭으로 임금수준이 시장임금보다 높아지므로 위에서 지적한 결과를 초래할 것이다.

지금부터는 노동조합의 임금교섭이 소비자선호를 충족시키는지를 살펴보자.[11] 어떤 산업에 속한 기업들에 노동조합이 결성된다고 하자. 노조의 임금교섭으로 임금수준은 시장임금보다 높아진다. 임금수준이 높아지면 기업의 단위당 생산비용, 즉 평균비용이 상승한다. 따라서 경쟁력이 낮은 한계기업들, 즉 현행의 가격과 비용조건에서 겨우 유지하는

10) Rothbard : 833-4 참조.

11) Rothbard : 827 참조.

기업들은 도산하게 될 것이다. 또한 다른 기업들도 생산량을 감소시킬 것이다. 그 결과 그 산업에서 생산되는 재화의 공급은 감소하고 가격은 상승할 것이다. 따라서 소비자들은 그 산업에서 생산되는 재화를 이전보다 높은 가격으로 구입하게 된다. 소비자선호를 반영하여 형성된 원래 가격보다 높고 생산량은 감소한다. 따라서 노조의 임금교섭으로 소비자선호가 충족되지 않으므로 소비자후생 및 자원배분은 악화된다.

또한 그 산업에서 해고된 노동자들이나 도산된 기업의 노동자들이 실업상태로 있지 않고 노조가 없는 다른 부문으로 이동하게 된다면 그 부문에서 임금은 하락하여 생산은 증가하고 가격은 하락한다. 이런 상황도 역시 소비자들이 선호한 결과가 아니다. 소비자들은 이 부문의 재화를 낮은 가격에 많이 구입하기보다는 노조가 설립된 부문에서 생산된 재화를 낮은 가격에 많이 구입하는 것을 선호하였기 때문이다. 그러므로 노조의 설립이 많아질수록 경제전체의 생산성은 더욱 악화되어 소비자후생 및 자원배분은 더욱 더 악화될 것이다.

결론적으로, 노조에 의한 임금교섭은 일부 노동자들에게는 보다 높은 소득을 제공하지만, 반면 여타 노동자들에게는 영구적(혹은 반영구적) 실직이나 또는 형편없는 저임금을 초래하고, 소비자후생 및 자원배분도 악화시킨다.

위에서 언급한 것처럼 노조에 의한 임금교섭은 노동자들의 자발적 선택이므로 이런 임금교섭을 해서는 안 된다고 필자를 비롯한 어느 누구도 강요할 수는 없다. 그것은 노동자들이 결정할 일이다. 다만 노동자들이 노조에 의한 임금교섭으로 당사자들을 비롯한 국민들이 무엇을 희생하는가를 깨달을 필요가 있다는 점을 필자는 강조하는 것이다.

9.2 정부의 최저임금제 효과

최저임금제는 국가가 노동자들에게 특권을 부여하는 것으로서 라스바드가 정의한 독점에 해당한다. 저임금 노동자들에게 시장임금보다 더 높은 임금을 받을 수 있도록 국가가 특권을 부여한 것이다. 국가가 저임금 노동자들에게 보다 높은 임금을 획득하도록 시행하는 최저임금제가 과연 그들에게 득을 주는지를 살펴보자.

최저임금제 실시로 저임금 노동시장에서는 그 최저임금이 시장임금보다 높다. 그 결과 그 시장에서는 노동수요(량)는 감소하고 노동공급(량)은 증가하므로 초과공급이 발생한다. 즉, 일자리는 줄어들고 일할 사람은 증가한다. 따라서 기존의 취업자들 중에서 해고자가 발생한다. 더욱이 기존의 일자리가 새로운 사람으로 대체되어 기존 취업자들 다수가 일자리를 잃는다. 기존의 낮은 임금수준에서는 일을 하려고 하지 않고 임금수준이 더 높아지면 일을 하려고 대기하는 노동자들이 그 노동시장에 진입하면서 일자리가 그들로 대체된다. 그 이유는 다음과 같다. 일반적으로 그들은 생산성이 높기 때문에 이전의 낮은 임금수준에서 일하는 것을 포기하고 있던 노동자들이다. 따라서 그들이 기존 취업자에 비해 생산성이 높고, 고용주들은 같은 임금을 지급할 경우 보다 생산성이 높은 노동자를 고용할 것이다.

이와 같이 최저임금제를 시행하면 기존 취업자 중 해고되지 않고 남아 있는 일부와 새로운 취업자들은 이전에 비해 높은 소득을 획득하지만 기존 취업자 중 다수가 일자리를 잃어 소득을 상실한다. 최저임금제 실시로 정부가 의도한 것과 다른 결과를 초래한다. 보호하고자 했던 저임금 노동자가 일자리를 잃게 된다.

이상과 같이 최저임금제도 노조에 의한 임금교섭과 마찬가지로 다수의 노동자들이 피해를 입는다. 이런 결과로 일부 직종에서는 최저임금제를 반대하거나 유보하라는 요구가 일어나고 있다. 예를 들면, 아파트 경비원의 경우이다. 최저임금제가 시행됨으로써 경비원의 임금이 높아짐에 따라 아파트 관리비가 높아졌다. 따라서 아파트 주민들은 관리비를 낮추기 위해 자동문으로 대체함으로써 경비원의 수는 줄게 되어 다수가 해고되었다. 이에 대해 경비원들은 최저임금제의 폐지 또는 유보를 정부에 요청했다.

최저임금제가 실제로 적용되는 부문에서 그 제도가 적용되기 이전에 임금수준이 낮은 이유들 중의 하나가 상대적으로 시장임금 수준이 높은 부문에서 노조의 임금교섭 때문이다. 앞 절에서 본 바와 같이 상대적으로 시장임금이 높은 부문에서 노조의 임금교섭으로 그 부문에서 실업이 발생하고, 해고된 그들이 상대적으로 시장임금이 낮은 부문으로 이동함으로써 이 부문의 임금은 더욱 하락하게 된다. 만약 상대적으로 시장임금이 높은 부문에서 노조의 단체교섭 대신 개별교섭으로 임금이 결정된다면 이 부문에서 임금수준은 수요와 공급이 일치하는 시장임금이 됨으로써 해고자가 발생하지 않을 것이다. 따라서 현재 최저임금제가 적용되는 부문에서 임금수준은 최저임금보다 높은 수준이 될 가능성이 높다. 이런 결과가 초래된다면 최저임금제를 도입하려는 시도가 없을 것이고, 최저임금제로 인한 실업도 없을 것이다.

이 장에서 살펴 본 노동조합의 임금교섭의 효과와 정부의 최저임금제의 효과는 우리에게 다음과 같은 시사점을 제시한다. “시장경제에서 시장에 대한 간섭은 오히려 역효과를 낳는다.”

10 자유시장에서 발생한 독점은 사악하지 않다!

이상의 논의로부터 다음과 같은 결론을 도출할 수 있다.

첫째, 자유시장에서 발생한 독점이 사악한 것이 아니라, 오히려 국가의 간섭과 특정 집단의 폭력적 간섭에 의한 독점의 대다수가 사악한 것이다. 왜냐하면, 자유시장에서 발생한 독점은 소비자선호를 충족시키지만, 국가간섭에 의한 독점의 대다수는 소비자선호를 침해하기 때문이다.

둘째, 자유시장에서 발생한 독점은 경쟁이 없는 것이 아니다. 반면 국가간섭에 의한 독점은 경쟁이 없다. 왜냐하면, 자유시장에서 발생한 독점은 경쟁의 결과로 발생한 것이지만, 국가간섭에 의한 독점은 경쟁을 배제한 결과이기 때문이다. 또한 자유시장에서 발생한 독점은 새로운 기업의 진입이 보장되어 있지만, 국가간섭에 의한 독점은 새로운 기업의 진입이 금지되어 있기 때문이다.

셋째, 소비자 주권의 실현은 생산자를 강제하는 패권주의적인 것이다. 반면 소비자 자기주권과 생산자 자기주권의 실현은 생산자와 소비자를 강제하는 것이 아닌 자유주의적인 것이다. 즉, 소비자선호와 생산자선호를 동시에 달성하는 것이다.

넷째, 소비자선호의 충족은 완전경쟁이 아니라 자유시장에서 달성된다. 왜냐하면, 소비자선호의 충족은 정부의 간섭과 특정 집단의 폭력적 간섭이 없는 자유시장에서 달성되기 때문이다. 자유시장에서 소비자선호를 충족시키는 경쟁의 결과로서 주류경제학이 명명하는 완전경쟁(순수경쟁), 독점, 독점적 경쟁, 과점 등이 발생하기 때문이다. 이것은 주류경제학의 분석이 인과관계를 거꾸로 도출하고 있다는 것을 의미한다. 주류경제학이 분류한 시장구조가 기업의 행동에 영향을 주는 것이 아니라 기업의 행동으로 나타난 결과가 그들이 분류한 시장구조인 것이다.

다섯째, 과잉투자 방지, 과당경쟁 방지, 경쟁의 보호 등을 목적으로 시행되는 정부의 간섭은 사악한 독점을 초래한다. 왜냐하면, 그런 간섭이 소비자선호를 침해하기 때문이다. 영세업체를 도산시키는 자는 대기업이 아니라 소비자이다. 대기업의 진입을 저지하는 것은 소비자선호를 침해하는 것이다.

여섯째, 현행 대다수의 면허제는 시행 목적에 위배된다. 왜냐하면, 소비자선호를 침해하기 때문이다.

일곱째, 자발적 카르텔은 사악한 것이 아니라 오히려 비자발적인 카르텔이 사악한 것이다. 왜냐하면, 자발적 카르텔은 소비자의 선호를 반영하는 것이지만. 비자발적인 카르텔은 소비자의 선호와 여타 생산자의 선호를 침해하는 것이기 때문이다.

여덟째, 노동조합의 임금교섭은 일부 노동자들의 소득수준을 높이기 위해 일자리를 파괴하거나 여타 노동자들의 임금수준을 열악하게 하면서 소비자후생과 자원배분도 악화시키고, 정부의 최저임금제 실시도 저임금 근로자의 일자리를 파괴한다.

아홉째, 현실에서 국가(정부)가 시장에 직접적 또는 간접적으로 간섭함으로써 오히려 사유재산과 자유경쟁을 침해하고 그 결과 자유시장이 형성되지 않도록 하고 있다.

이상의 결론으로부터 다음과 같은 시사점을 도출할 수 있다.

첫째, 소비자후생 및 자원배분의 이상적 기준으로 소비자 주권과 완전경쟁을 폐기하고 소비자 자기주권 및 생산자 자기주권과 자유경쟁을 도입해야 할 것이다.

둘째, 자유시장에서 발생하는 독점을 규제하기 위한 반독점법이 오히려 소비자선호를 침해하고 경쟁을 억제하므로 반독점법을 폐기할 필요성이 사료된다.

셋째, 과잉투자 방지, 과당경쟁 방지, 경쟁의 보호 등으로 시행하는 국가의 간섭이 오히려 소비자선호를 침해하고 경쟁을 억제하므로 그런 간섭이 없어야 할 것으로 사료된다.

넷째, 소비자의 선호를 충족하는 효과를 달성하기 위해서 면허제를 시행할 경우에도 면허제는 자질을 갖춘 사람을 선발하는 데 초점을 두고 운영되어야 할 것으로 사료된다. 기득권의 이득을 위한 면허수의 제한이 허용되어서는 안 될 것이다. 만약 대다수의 국민들이 양질의 서비스를 저렴한 가격으로 제공받는 것뿐만 아니라 저질의 서비스를 보다 저렴한 가격으로도 제공받기를 원한다면 면허제를 시행하지 않아야 할 것이다.

다섯째, 자발적인 카르텔을 규제해야 할 것이 아니라, 카르텔의 협정을 강제하고 폭력적인 진입저지 활동을 하는 비자발적인 카르텔을 규제하고 처벌해야 할 것으로 사료된다. 또한 강제적인 비자발적 불매운동도 규제를 해야 할 것으로 사료된다.

여섯째, 대다수의 국민들이 정부의 간섭을 원할 경우에도 다음과 같은 점에 유의를 해야 할 것이다. 하나, 소비자선호의 충족이라는 견지에서 정부의 간섭이 필요한지를 검토해야 한다. 둘, 필요성이 있더라도 소비자선호를 침해하지 않는 방법으로 시행되어야 할 것이다.

일곱째, 노동자들은 노동조합의 임금교섭으로 당사자들을 비롯한 국민들이 무엇을 희생하는가를 깨달을 필요가 있다.

여덟째, 정부는 최저임금제 실시로 오히려 저임금 노동자들이 일자리를 잃고 있다는 점과 최저임금제가 실제로 적용되는 부문에서 그 제도가 적용되기 이전에 임금수준이 낮은 이유를 올바르게 파악할 필요가 있다.

아홉째, 국가(정부)는 사유재산과 자유경쟁을 침해하는 간섭을 지양하고 오히려 사적재산과 자유경쟁을 침해하는 행위를 규제함으로써 자유시장을 형성하고 보호하는 역할을 지향해야 한다. 국가(정부)가 이런 역할을 수행할 때, 소비자선호가 충족되도록 자원은 이용될 것이고 구성원의 처지가 개선될 것이다.

사유재산과 자유경쟁이 우리 인간들의 처지를 개선시킨다!

사유재산과 자유경쟁만이 기득권자를 보호하지 않는다!

마지막으로 여러분들에게 이 책의 속편으로 출간 예정인 책의 예고편을 소개한다. 6.3 경쟁의 보호와 경쟁자의 보호에서 언급한 것처럼 만성적 실업의 원인을 규명하기 위한 분석은 또 다른 주제로 다루어서 출간할 예정이다. 그것의 주요 요지는 다음과 같다. 만성적인 실업의 존재는 자유시장경제의 고유한 특성이 아니다. 그 원인은 정부의 규제와 노조의 정책에 있다. 자유시장경제에서는 진입과 전직의 길이 항상 열려 있고, 자발적 실업만 존재하고 비자발적 실업은 존재하지 않는다. 9장 노조의 임금교섭 효과와 정부의 최저임금제 실시 효과에서 실업에 대해 간략히 언급되었지만 다른 요인들과 함께 상세히 분석될 것이다.

부 록

부록 1. 기회비용(세상에 공짜가 있나?)

세상에 공짜가 있나? 물론 “세상에 공짜가 왜 없어?”라고 반문할 것이다. 누군가가 독자에게 자동차 한대를 선물을 하였을 경우 독자는 공짜라고 생각할 것이다. 공짜가 아니라고 생각하는 독자도 있을 것이다. 그것은 그 독자들이 아마도 “내가 그 전에 해준 것에 대가이지” 또는 “나중에 보답을 해야 할 것이지”라고 생각하기 때문일 것이다. 하지만 이런 상황이 아니라 선물을 제공한 사람은 독자에게 선물 주는 것 그 자체로 만족하고 있고 독자도 그렇게 생각한다면, 독자는 분명히 그 선물을 공짜라고 생각할 것이다.

이런 점에서 ‘공짜’란 그것을 얻기 위해 치르는 ‘대가’가 없다는 것을 의미한다. 그렇다면, ‘공짜’의 진정한 의미를 파악하기 위해서는 ‘대가’가 무엇을 의미하는지를 알아야 한다. 그러면 대가는 무엇일까?

로빈슨 크루소가 직면한 상황을 생각해 보자. 밀가루로 국수를 만들 것인가 아니면 빵을 만들 것인가? 그는 빵을 만들었다. 빵을 만들었다는 것은 밀가루의 용도를 빵 생산과 국수 생산 중에 빵 생산으로 선택했다는 것을 의미한다. 왜 빵 생산을 선택했을까? 그것은 분명히 국수보다 빵이 그에게 더 높은 만족(즉, 가치[1])을 준다고 느꼈기 때문이다.

빵 생산과정에서 포기된 것은 무엇인가? 밀가루인가! 아니다! 물론 밀가루가 희생(또는 소모)된 것은 분명하다. 그러나 밀가루가 포기된 것은 아니다. 만약 국수가 생산되었다면 포기된 것은 무엇인가? 희생된 것이 포기된 것이라면 이 경우에도 역시 밀가루가 포기된 것이라 할 수 있다. 어느 경우에서나 반드시 희생되는 것은 포기된 것이 아니다. 빵의 생산이나 국수의 생산에서도 밀가루는 어쩔 수 없이 소모되는 것이다. 그렇다면 포기되는 것은 무엇인가? 그는 빵을 생산함으로써 국수를 생산하지 못하고, 국수를 생산함으로써 빵을 생산하지 못하는 것이다. 빵 생산을 위해 국수(또는 국수의 가치)를 포기한 것이다. 그는 빵을 얻기 위해 그 밀가루로 만들 수 있었던 국수를 포기한 것이다. 빵을 먹기 위해 치른 대가는 밀가루가 아니라 국수인 것이다. 우리가 어떤 것을 얻기 위해 치르는 대가는 그것으로 인해 포기된 것(또는 그것의 가치)이다. 즉, 그것을 얻기 위해 소요된 자원들이 다른 곳

---

1) 어떤 행위나 재화의 소비로부터 얻는 만족감을 그 행위나 그 재화의 가치 또는 효용이라고 한다.

에 이용되었다면 얻을 수 있는 것(또는 그것의 가치)이다.

그러면 포기될 수 있는 것들이 여러 가지가 있을 때, 어떤 행위의 대가는 포기될 수 있는 것들 모두를 합한 것인가?

지금 이 책을 읽고 있는 독자가, 이 책을 읽지 않는다면 그 시간 동안에 사랑스런 여인과 강변에서 데이트를 즐길 수도 있고, 그렇지 않으면 집 근방 체육공원에서 운동을 할 수도 있을 것이다. 이 경우 독자가 독서, 데이트, 운동의 각 가치를 100, 90, 80[2)]으로 평가한다면, 여러분은 독서를 할 것이다. 그러면 독서로 포기된 것은 무엇인가? ① 데이트와 운동(또는 170) ② 데이트(또는 90) ③ 운동(또는 80) 중 어느 것일까? ①은 아니다. 왜냐하면, 독서를 포기한 시간 동안에 둘 다 모두를 함께 할 수 있다고 가정하지 않았다. 그러므로 둘 다 포기된 것은 아니다. 물론 독서를 포기한 그 시간 동안에 둘 다 할 수 있었다고 가정했다면 둘 모두 포기된 것이다.

그러면 데이트가 포기된 것인가 아니면 운동이 포기된 것인가? 데이트가 포기된 것이라면 여러분은 90을 포기한 것이 되고, 운동을 포기한 것이라면 80을 포기한 것이 된다. 분

---

2) 가치는 어떤 수치로 평가할 수 없다. 가치는 주관적인 만족감이므로 측정할 수가 없다. 단지 어느 것이 큰지 작은지 비교만 할 수 있을 뿐이다. 여기서는 어느 것을 더 높게 평가하는지를 쉽게 보여주기 위해 수치로 표현했을 뿐이다.

명히 여러분들은 가치가 큰 것으로 평가한 데이트를 포기한 것으로 생각할 것이다. 왜냐하면 어느 누구도 가치가 작은 것을 포기한 것으로 생각하지 않을 것이기 때문이다. 그래도 잘 이해가 되지 않는다면 이런 상황을 고려해 보자. 만약 독서를 하지 않았다면, 여러분은 데이트와 운동 중에서 무엇을 했을까? 분명히 데이트를 했을 것이다. 따라서 포기된 것은 데이트가 되는 것이 자명하다. 따라서 포기될 수 있는 대안들이 여러 가지가 있을 경우, 어떤 행위의 대가는 포기될 수 있는 대안들 중 가장 가치가 높은 것이다.

이제 여러분은 서두에 제시된 공짜로 획득한 자동차의 대가가 무엇인지를 평가할 수 있는 능력을 갖추었을 것이다. 아마도 제일 먼저 "이 차를 위해 포기한 것이 무엇인가?"라는 질문을 할 것이다. 이에 대해 구체적으로 답을 하기 위해, 그 차의 가격이 1,000만원이라고 가상하자.

분명히 독자는 차를 얻는 대가로 포기하는 것이 없다. 따라서 독자의 입장에서는 공짜가 분명하다. 하지만 선물한 사람의 입장에서는 공짜가 아니다. 그것을 선물하기 위해서 포기한 것이 있기 때문이다. 포기한 것이 1,000만원 그 자체는 아니다. 그 돈으로 구입할 수 있었던 것 중 자신이 최고의 가치를 부여하는 어떤 것(예를 들면, 오디오세트)이 될 것이다. 독자 여러분은 포기한 것이 없으므로 개인적으로는 공짜인 것이지만, 사회 구성원 중 어떤 다른 사람(즉, 선물한 사람)이 포기한 것이 있으므로 사회적으로는 공짜가 없는 것이다. 이런 점에서 세상에는 공짜가 없는 것이다. 즉, 누군가가 대가를 치르고 있는 것이다.

이 점은 매우 중요하다. 인간사회는 혼자 사는 것이 아니라 더불어 살아가므로 희소한 자원의 사용에 대해 사회적으로 평가되어야 하기 때문이다. 자원사용에 대해 나뿐만 아니라 타인들이 무슨 대가를 치르는지를 반드시 살펴보아야 한다.

하지만 이 세상에 공짜가 전혀 없는 것도 아니다. 공기는 공짜이다. 우리는 공기를 얻기 위해 무엇인가를 투여하는 것이 없고 따라서 포기하는 것도 없기 때문이다. 하지만 오염된 지역, 물 속, 우주 등에서는 우리가 숨을 쉬는 데 필요한 공기는 부족한 것이다. 그런 곳에서는 필요한 공기를 얻기 위해 무엇인가를 투여해야 하고 반드시 대가가 수반되는 것이다. 이와 같이 정상적인 곳에서 존재하는 공기 이외에는 공짜가 없다고 해도 과언이 아니다.

어떤 것을 행하는 데 치르는 대가를 경제학자들은 '기회비용'이라고 한다. 이렇게 부르는 이유는 통상적으로 쓰이는 비용과 차이가 있기 때문이다. 통상적으로 우리가 비용이라고 하는 것은 무엇을 얻기 위해 '지출된 것'이다. 그러나 기회비용은 '포기된 것'이다. 포기된 것과 지출된 것에는 차이가 거의 발생하게 마련이다(그 차이점에 대해 아래에서 설명된다). 이런 차이점을 보여주기 위해 '포기된 것'을 단순히 비용이라 하지 않고 앞에 형용사 '기회'라는 말을 덧붙였다. 기회를 붙인 이유는 포기된 것이란 결국 포기된 기회이기 때문이다. 빵을 얻기 위해 국수를 얻을 기회를 포기하고, 책을 얻기 위해 빵을 얻을 기회를 포기하는 것이다.

어떤 것을 행하는 것은 그에 소요되는 자원을 가지고 할 수 있는 여러 대안들 중에서 그것을 선택한 것이다. 이런 점에서 기회비용은 바로 선택의 대가이다. 우리가 어떤 것을 행하는 것은 항상 선택하는 것이고 따라서 그 대가인 기회비용이 수반된다는 점을 명심하라! 이것이 바로 경제학적으로 사고하는 것이다. 희소한 자원을 보다 높은 가치를 지닌 용도로 이용[3]하려면 기회비용적 사고가 필수이기 때문이다.

경제학이 선택의 학문이고 선택의 대가가 기회비용이므

3) 자원이 가장 높은 가치를 갖는 용도로 사용될 때 경제학자들은 자원배분이 효율적이라고 한다.

로, 경제학에서 '기회비용'을 단순히 '비용'이라 한다.[4] 반면 통상적으로 사용되는 비용은 지출된 것으로서 회계에 사용되므로 '회계적 비용'이라고 한다. 어느 비용이 근본적인 비용인가라는 것보다는 비용은 목적에 따라 사용되어야 하는 것이다. '선택'에 관한 문제에 대해서는 '기회비용'을, '회계'에서는 '통상적인 비용'을 사용하는 것이 적절할 뿐이다.

"우리가 무엇이 더 필요하다"라고 하는 것은 실제로 무엇을 의미하는가? "우리는 더 많은 고속도로가 필요하다"라고 말할 때, 이것의 의미는? 더 많은 고속도로를 건설하는데 드는 비용을 자신들이 부담하더라도 더 많은 고속도로가 필요하다는 것을 의미하는가? 실제로 그렇지 않다. 좋게 생각하면 그 비용을 생각하지 않는 것이고, 나쁘게 생각하면 그 비용을 타인들이 부담하도록 유도하거나 혼란시키는 것이다.

그래서 "누가 무엇이 더 필요하다"라고 말하는 것은 좋게 봐 주면 어떤 것에 대한 무지의 결과라고 볼 수 있다 : 자원은 희소하면서 대안적인 용도를 갖고 있으므로 반드시 대가가 수반된다는 점에 대한 무지. 이런 점을 알면서도 그렇게 주장하는 것은 그 비용을 타인들이 부담하도록 유도하거

4) 이런 점에서 기회비용을 '경제학적 비용'이라고 한다.

나 혼란시키는 것으로서, 말하는 사람의 나쁜 마음이 내포된 것으로 볼 수 있다.

무엇을 생산하든 항상 비용(즉, 대가)이 수반되므로 무엇이 필요하다고 말하는 사람에게 항상 다음과 같은 질문을 해야 한다 : "그것을 얻기 위해서 어떤 재화 또는 어떤 욕구를 포기할 것인가 그리고 누구의 부담으로 할 것인가?" 다시 말하면, 그렇게 하는 것이 누구를 위하는 것인지를 파악할 필요가 있는 것이다.

한편 기회비용은 통상적인 비용과 왜 차이가 날까? 수지상태를 알아보는 데 사용되는 통상적인 비용은 무엇을 얻기 위해 '지출된 것'이고, 기회비용은 '포기된 것'이다. 포기된 것과 지출된 것에는 어떤 차이가 있는지를 알기 위해 '대학생활의 비용'을 파악해 보자.

"일반적으로 대학생활의 비용이 얼마가 되는가?"라고 물어 보면, 독자나 대부분의 학생들이 다음과 같이 대답한다.

"등록금, 책값, 잡비, 교통비, 기숙사비"이라고. 이런 답은 통상적인 비용을 언급한 것이다. 기회비용측면에서 보면, 누락된 것이 있다.

기회비용은 포기된 것이므로, 각 항목을 이 관점에서 살펴보자.

등록금, 책값, 잡비, 교통비, 기숙사비 등은 포기된 것이 분명하므로 기회비용에 포함된다. 그것에 소요된 자금으로 다른 것을 할 수 있는 것을 포기했기 때문이다.

그러면, 누락된 것은 무엇일까?

만약 대학에 진학하지 않고 직장생활을 한다면, 여러분은 4년 동안의 수입을 얻을 수 있는데 대학생활을 함으로써 그것을 포기하고 있는 것이므로 이것은 기회비용에 반드시 포함되어야 하는 것이다.[5] 아울러 등록금이나 책값을 은행에 정기예금을 해두었다면 얻을 수 있는 이자수입도 포기한 것이다.

그렇다면, 누락된 것은 어떤 특성을 지닌 것일까? 다시 말하면, 포기된 것인데도 불구하고 지출되지 않는 것은 무엇인가?

대학생활을 하지 않고 직장생활을 했더라면 얻을 수 있는 수입은 자신 노동의 대가(기회비용)이며, 등록금을 예치했다면 얻을 수 있는 이자수입은 자신소유 등록금의 대가(기

---

5) 실제 이 수입이 적은 것이 아니다. 월 80만원이더라도 연 약 천만원이고 4년이면 4천만원이다. 대학생활에서 여러분은 생각보다 엄청나게 큰 것을 포기하고 있으므로, 대학진학이란 선택이 현명한 선택이 되도록 하기 위해서는 포기된 것 이상으로 보상을 받을 수 있도록 대학생활을 영위해야 할 것이다. 그렇지 않다면 대학생활을 포기하고 생활전선으로 바로 뛰어들어라!

회비용)이다. 이와 같이 자신이 소유한 자원에 대한 대가는 포기된 것인데도 불구하고 지출되지 않으므로 통상적인 비용에는 드러나지 않는다.[6] 그러므로 자신이 소유한 자원에 대한 대가는 반드시 기회비용에 포함시켜야 한다.

기회비용과 통상적 비용 간의 관계를 다음과 같이 정립할 수 있다.

> 기회비용(경제학적 비용) = 통상 비용(회계학적 비용) + 잠재적 비용

통상적인 비용이 '빛'이라면 잠재적 비용은 '그림자'라고 할 수 있다. 기회비용은 통상비용과 잠재비용을 포괄하고 있으므로 빛과 그림자를 다 갖고 있다. 우리 인생사에 있어서 선택의 순간에 빛만 보지 말고 그림자를 특히 유념해야 한다는 시사점을 기회비용이 그대로 시현하고 있는 것이다. 그래서 거듭 강조하지만 우리는 기회비용적 사고에 익숙해져야 하는 것이다. 세상에는 보이지는 않지만 반드시 대가가 있다!(공짜가 없다!).

앞에서 비용은 목적에 따라 사용되어야 하는 것이며,

---

6) 이와 같이 포기된 것임에도 불구하고 드러나지 않는 비용을 잠재되어 나타나지 않는다고 잠재적 비용 또는 암묵적 비용이라고 한다.

'선택'에 관한 문제에 대해서는 '기회비용'을, '회계'에서는 '통상적인 비용'을 사용하는 것이 적절하다고 했다. 이에 대해 간단한 설명이 있었지만, 방금 정립된 기회비용과 통상적인 비용 간의 관계에서 그 적절성이 다음 예를 통해서 더욱 부각될 수 있다.

건물 소유주는 매달 200만원의 세를 받아 생활을 하고 있다. 그러던 그가 가게를 직접 운영하기로 결심하고 세입자를 계약기간의 종료 시 내보냈다. 그는 옷가게를 운영했는데, 한 달간 정산을 하니 수입이 600만원이고 지출이 450만으로 수익이 150만이었다. 그 다음 두세달도 비슷하였고 앞으로 예상되는 수익도 그 수준에 불과하였다. 과연 그는 직접 그 옷가게를 계속 운영할 것인가? 여러분은 분명히 하지 않고 세를 줄 것이라고 답할 것이다.

수지상으로는 가게 운영으로 150만원의 수익을 낳지만 세를 줄 때에 비해 50만원의 수익이 줄어들고 있기 때문이다. 이때 분명히 고려하는 것은 가게운영으로 포기된 월세수입(기회비용에 포함)을 고려하고 있다. 가게운영의 수지를 계산할 때는 통상적인 비용(450만원)이 적절하지만, 가게를 계속할 것인가 세를 줄 것인가라는 결정, 즉 선택에는 기회비용(=통상적 비용: 450만 + 잠재적 비용: 200)이 적절하다

는 것을 명백히 보여주고 있다.[7)]

7) 가계운영 수지(회계측면) = 수입(600) − 지출(통상비용: 450) = 150, 가계운영 손익(경제측면) = 수입(600) − 기회비용(통상비용: 450 + 잠재비용:200) = − 50 이다. 기회비용으로 계산 시 그 결과가 음(−)이면 선택이 잘못된 것을 양(+)이면 잘된 것을 보여주고 수치는 상대적 손실을 보여주는데, −50은 가계운영이 세를 주는 것에 비해 50만큼 손해를 본다는 것을 의미한다.

부 록 2. 경쟁기업과 독점기업의 수요곡선(주류경제학)

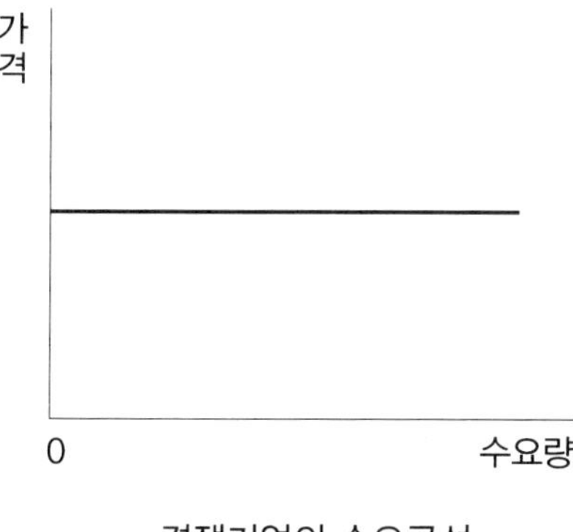

경쟁기업의 수요곡선

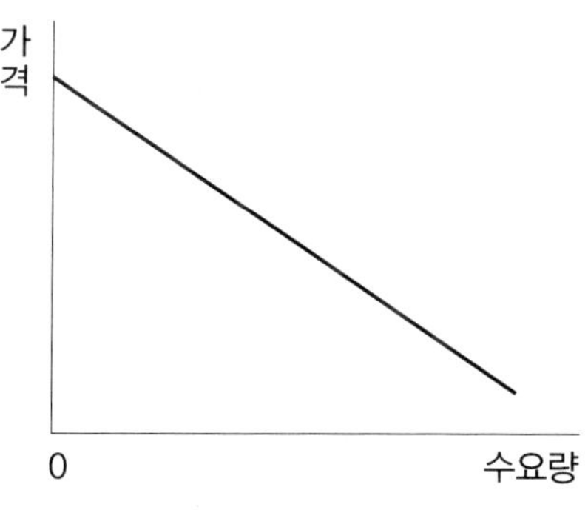

독점기업의 수요곡선

부록 3. 가격과 한계수입의 관계

경쟁시장

가격	판매량	수입	한계수입	가격과 한계수입
100	1	100	100	가격 = 한계수입
100	2	200	100	가격 = 한계수입
100	3	300	100	가격 = 한계수입

독점시장

가격	판매량	수입	한계수입	가격과 한계수입
100	1	100	100	가격 = 한계수입
90	2	180	80	가격 > 한계수입
80	3	240	60	가격 < 한계수입

이상과 같이 경쟁시장에서는 가격과 한계수입이 일치한다. 그러나 독점시장에서는 가격과 한계수입이 괴리한다. 한계수입이 가격보다 작다(물론 예외적으로 첫 단위에서는 일치한다).

부록 4 경쟁시장과 독점시장의 비교(주류경제학)

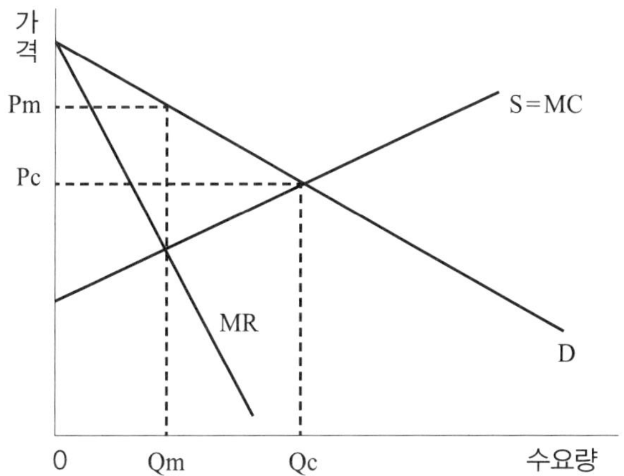

Pc : 경쟁가격　　Pm : 독점가격
Qc : 경쟁생산량　Qm : 독점생산량

부 록 5. 가격과 한계가치의 관계

한계가치는 소비자들이 소비를 추가함으로써 얻는 가치(효용)이다. 소비자가 한 단위를 소비하는 가치에 대해 100을 부여하고 두 단위에 190이라는 가치를 부여한다면, 첫 단위의 한계가치는 100이고 둘째 단위의 한계가치는 90이다. 이와 같이 소비량이 증가함에 따라 추가되는 가치, 즉 한계가치(한계효용)가 체감하는 것을 한계가치체감의 법칙 또는 한계효용체감의 법칙이라 한다. 이 법칙이 성립하는 이유는 우리 인간들은 재화를 가장 긴급한 용도부터 사용하기 때문이다. 따라서 첫 단위에 사용되는 용도의 가치가 가장 크고 두 번째의 용도는 첫 번째 용도보다 가치가 작다.

이런 한계가치가 시장의 가격에 결정적 역할을 한다. 즉, 시장에서 가격은 한계가치(한계효용)에 의해 결정된다. 그 이유는 다음과 같다. 단순화를 위해 각 소비자가 한 단위씩만 소비한다고 하자. 또한 각 소비자는 그 한 단위에 대해 다음과 같이 가치를 부여한다고 하자. A : 100, B : 98, C : 96. 각자가 지불하려는 최고가격은 그 단위의 가치(즉 한계가치)만큼 될 것이다. 가치보다 더 많이 지불하면 교환으로 손실을 보기 때문이다. 만약 그 재화가 하나밖에 없다면 가격은 얼마가 될까? A는 100, B는 99, C는 98을 지불하려고 하므로 가장 높은 가격을 제시하는 A가 차지한다. 그 결과 가격은 100이 된다. 만약 그 재화가 두 개 있다면 가격은 얼마가 될까? 99일 것이다. 두 개를 다 팔려면 두 번째로 높은 가격을 제시하는 그 가격보다 높게 팔 수 없기 때문이다. 그리고 이 재화의 한계가치는 첫 단위는 100, 둘째 단위는 99, 셋째 단위는 98이다. 1개일 때 가격은 100, 2개일 때 가격은 98로서 각 가격은 한계가치와 일치한다. 그러므로 가격은 한계가치와 일치한다.

이 원리는 다음과 같은 점을 시사하고 있다. 가격은 가치(효용)에 의해 결정되는 것이 아니라 한계가치(한계효용)에 의해 결정된다. 이 시사점에 의해 효용이 높은 물이 효용이 낮은 다이아몬드보다 가격이 낮은 현실을 설명할 수 있다. 위에서 본 바와 같이 한계효용은 존재량이 증가함에 따라 낮아진다. 물의 양은 다이아몬드에 비해 엄청나게 많다. 따라서 물의 각 단위의 한계효용은 다이아몬드보다 높지만 존재량에서의 한계효용은 오히려 다이아몬드가 높다. 그 결과 다이아몬드의 가격이 물보다 높은 것이다. 그러나 사막에서는 물 가격이 보다 높지 않은가라는 반문이 있을 수도 있다. 그에 대한 의문도 이 원리에 의해 해결된다. 사막에서는 물의 존재량이 아주 적기 때문에 물의 한계효용이 다이아몬드보다 높다. 따라서 물의 가격이 다이아몬드보다 높다.

이상의 설명은 주류경제학의 설명이다. 실제로는 오스트리아학파의 시조인 멩거 등이 제시한 한계가치이론을 주류경제학이 도입한 것이다. 한편 (신)오스트리아학파의 미제스와 라스바드 등의 견해는 그들과 차이점이 있다. 가격은 한계가치에 의해 결정되지만 가격이 한계가치와 일치하지 않는다. 소비자가 지불하려는 최고가격은 한계가치보다 조금이라도 낮다. 가격과 한계가치가 일치한다면 교환으로부터 득을 보는 것이 없다. 즉 획득하는 것과 포기하는 것이 같은 등가교환이 된다. 어느 누구도 이득을 획득하지 못하면 자발적으로 교환을 하지 않는다. 자발적 교환에서는 등가교환이라는 것이 없다. 따라서 가격은 한계가치보다 약간 낮게 된다.

자발적 교환은 등가교환이 아니라는 점은 아주 중요하다. 마르크스 경제학뿐 아니라 주류경제학에서 등가교환이 아니면 나쁜 것으로 해석하고 있는데 그것은 그릇된 해석이다. 평가기준은 등가교환이 아니라 자발적 교환 여부이다.

참고문헌

전용덕(2007), 『산업조직론』, 대구대학교출판부.

Armentano, D. T.(2005), "A Critique of Neoclassical and Austrian Monopoly Theory", The Mises Institute.

Hayek, F. A.(1948), *Individualism and Economic Order*, Midway.

Kirzner, I. M.(1973), *Competition and Entrepreneurship*, The University of Chicago Press.

McNulty, P. J.(1968), "Economic Theory and Meaning of Competition", *Quarterly Journal of Economics*.

Mises, L. v.(1963), *Human Action*, Yale University Press. 민경국 · 박종운 공역(2011), 『인간행동』, 지식을 만드는 지식.

Powell, B. W. and Stringham, E. P.(2011), "Radical Scholarship Taking on the Mainstream : Murray Rothbard's contribution", *The Review of Austrian Economics*, September No. 3.

Rothbard, M. N.(1993), *Man, Economy, and State*, Ludwig von Mises Institute. 전용덕 · 김이석 공역(2006), 『인간 · 경제 · 국가』, 자유기업원/나남출판.

[저자소개]

영남대학교에서 경제학박사학위를 받았으며, 대구시 경제전문연구원, 한국지역발전연구재단 연구위원, 아시아대학교 교수를 역임하고, 현재는 자유시장경제에 대한 연구와 저술활동을 하면서 영남대학교 경제금융학부와 대구대학교 무역학과에서 강의를 하고 있다.

e-mail : smlee5811@hanmail.net

독점은 사악한가 -독점과 경쟁-

2012년 11월 20일 초판인쇄
2012년 11월 25일 초판발행

저 자 이 승 모

발행인 이 구 만

발행처 유원북스

121-130 서울특별시 마포구 토정로 198, 204호
전화 (02)593-1800 Fax (02)593-1801
등록 2011. 9. 6. 제25100-2012-3호
www.uwonbooks.com uwbooks@daum.net

정 가 9,500원 ISBN 978-89-97926-03-9

이 도서의 국립중앙도서관 출판시도서목록(CIP)은 e-CIP 홈페이지 (http://www.nl.go.kr/ecip)와 국가자료공동목록시스템(http://www.nl.go.kr/kolisnet)에서 이용하실 수 있습니다. (CIP제어번호: CIP2012005323)